꿈 * 내비게이션

꿈 내비게이션

초판 **1쇄 인쇄** · 2021년 11월 8일
초판 **1쇄 발행** · 2021년 11월 25일

지은이 · 오영근, 한금실
펴낸이 · 이종문(李從聞)
펴낸곳 · (주)국일미디어

등 록 · 제406-2005-000029호
주 소 · 경기도 파주시 광인사길 121 파주출판문화정보산업단지(문발동)
영업부 · Tel 031)955-6050 | Fax 031)955-6051
편집부 · Tel 031)955-6070 | Fax 031)955-6071

평생전화번호 · 0502-237-9101~3

홈페이지 · www.ekugil.com
블 로 그 · blog.naver.com/kugilmedia
페이스북 · www.facebook.com/kugilmedia
E-mail · kugil@ekugil.com

ISBN 978-89-7425-004-1(03190)

말하는 대로 이루어진다

꿈 ✳ 내비게이션

오영근·한금실 공저

국일미디어

저자의 말

·

　소원이란 어떤 일이 이루어지기를 간절히 바라는 마음으로
우리는 자신이 처한 환경에 따라 다양한 형태의 소원을 간직
하며 살아가고 있다. 그렇다면 소원을 이루기 위하여 우리가
할 수 있는 방법은 무엇이 있을까? 매일 아침 17초 동안 집중
하라, 하루 100번씩 소원을 적어라, 인디언 속담에 20,000번을
외치면 소원이 이루어진다는 말이 있듯이 끊임없이 자신에게
확언하라…. 물론 이 모든 방법이 어느 정도 효과가 있음은 물
론이다. 그러나 이와 같은 방법을 시행했음에도 불구하고 소
원이 이루어지지 않은 사례들 또한 많다. 그렇다면 과연 우리
가 놓치고 있는 부분은 무엇일까?

시중에 나와 있는 많은 종류의 소원성취 방법 관련 책과 강연의 내용을 분석하면 소원을 이루고자 할 때 가장 중요한 것은 소원을 원하는 순간 이미 이루어졌다고 믿는 마음이다. 간절히 기도하거나 소원이 이루어졌으면 좋겠다는 마음의 이면에는 여태껏 이루어지지 않았다는 부정적인 생각도 함께 자리하고 있기 때문이다. 예를 들어 유리잔에 맑은 물이 가득 담겨 있는데 빨간색 잉크 한 방울을 떨어뜨리면 물의 색깔이 변하여 맑은 물을 유지할 수 없듯이 티끌만큼의 부정적인 생각이라도 섞이게 되면 소원의 의미는 사라지고 만다. 그러므로 소원을 원하는 순간 당연히 이루어졌다고 믿는 마음을 가져야 한다.

소원이 이루어지는 가장 설득력 있는 메커니즘Mechanism은 끌어당김의 법칙이다. 끌어당김의 법칙이란 우리의 소원이 우주 어딘가에 존재하고 있으며 필요로 할 때 공명 현상을 이용하여 끌어당길 수 있다는 것이다. '나'라는 존재는 지구에만 존재하는 것이 아니라 무한한 우주 속에 무수히 많은 숫자로 존재하며 살고 있다고 하는데 과학자들은 이것을 다중 우주론 또는 평행 우주론이라고 한다. 즉, 우리가 소원을 원하는 순간 그 소원을 이미 성취해서 살고 있는 또 다른 내가 우주 어딘가에 존재하고 있으며 그로부터 공명 현상 또는 양자 얽힘에 의하여 필요할 때 언제라도 정보를 끌어당겨 얻을 수 있다는 것이다.

필자는 말, 메모 및 이미지와 같이 널리 알려진 소원성취 방법보다는 누구나 소원을 쉽고 편하게 이룰 방법을 고민하던 중 최선의 방법은 녹음이라는 것을 안해수 선생님을 통해 알게 되었다. 안해수 선생님은 30년 이상 녹음을 이용하여 많은 사람이 소원을 성취하게끔 해 주신 분이다. 녹음에는 원칙이 있는데 하나의 소원을 하나의 녹음기에 반복재생해야 하는 것이다. 소원이 여러 개일 경우 어떻게 효율적이고 손쉽게 여러 개의 소원을 한꺼번에 녹음할 수 있을까 하고 방법을 모색한 결과 필자가 개발한 녹음 앱이 '알지톡'이다.

알지톡은 ANSWER 법칙에 따라 소원을 녹음하는데 A: Author(주체), N: Now(현재), S: Sure(당연), W: Within(기한), E:

Everything(모든 것), R: Record(녹음)이다. 즉, 내가 원하는 어떤 소원이라도 당연히 이루어진다는 마음을 가지고 기한을 정해서 녹음을 하고 녹음한 후에는 반드시 무음으로 반복재생함으로써 우주적인 교신 기능을 가진 잠재의식이 이를 받아들여 끌어당김의 법칙과 유사한 원리로 필요한 정보를 가져와 소원이 이루어지게 하는 것이다. 불가능하다고 생각했던 대학교에 입학하고, 매매가 거의 어려웠던 상가가 팔리고, 아픈 몸이 회복되는 등 알지톡을 이용해서 소원을 성취한 사례들이 많다. 알지톡은 녹음을 통해서 우리의 소원을 이룰 수 있는 가장 강력하고 편리한 방법이며 누구라도 이를 통해 소원성취하고 매일의 삶이 희망이 된다면 더할 나위 없이 기쁠 것이다.

마지막으로 이 책이 나오기까지 항상 버팀목이 되어 주신 일초도사님, 한결같은 믿음으로 곁에 있어 주고 묵묵히 도와준 아내에게도 감사드린다.

차례

4단계
행동

1단계

꿈

꿈

목표

녹음

행동

성취

나눔

꿈을 버리지 말자.
꿈이 사라지면 당신은 존재하지만
사는 것은 끝난 것이다.

◆

마크 트웨인

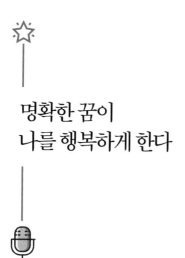

명확한 꿈이
나를 행복하게 한다

모든 사람이 꿈을 가진다. 그러나 막상 자신의 꿈에 대해 이야기하라고 하면 의외로 많은 사람이 "없어요" "글쎄요"라며 확실하게 대답하지 못한다. 아마도 그 이유는 미래의 불확실성에 처한 현실이 우리로 하여금 꿈을 생각해 보지도 못하게 했기 때문인지도 모른다.

한 고등학교 반에서 학생들에게 꿈이 무엇인지를 물었더니 즉각 대답하는 A그룹과 주저하는 B그룹으로 나누어졌다. 10년 후 두 그룹의 인생을 조사했더니 A그룹은 대부분 꿈을 성취하여 행복한 삶을 누리고 있었으나, B그룹은 아직도 자신이 하고 싶은 일이 무엇인지 몰라 고민하고 있었다. 이 조사는 우리가 왜 꿈을 가져야 하는지, 또 꿈을 갖는 것이 왜 중요한지를 명확히 보여 준다.

우리가 흔히 말하는 꿈에는 두 가지 종류가 있다. 하나는 미래에 실현하고 싶은 희망이나 이상과 같은 것을 뜻하고, 다른 하나는 잠자고 있는 동안 마치 영화처럼 펼쳐지는 정신적인 현상을 뜻한다. 후자의 꿈을 빗대어 사람들은 전자의 꿈에 대해서도 "꿈꾸고 있네!"라며 허망한 것이라 말하기도 한다.

그러나 꿈은 정말로 허망한 것일까? 우리가 자면서 꾸는 꿈조차도 내면의 심리를 반영하며 미래의 일을 예견하기도 한다. 하물며 생생하게 깨어있는 동안 상상력을 발휘하여 꾸는 꿈이 절대 허망할 수는 없기 마련이다. 우리는 꿈을 꾼다는 상상 그 자체만으로도 충분히 행복감에 젖어야 한다. 왜냐하면 꿈꾸는 사람은 진실로 행복하기 때문이다.

주위를 둘러보면 꿈이 있는 사람과 없는 사람의 눈빛은 확연히 다르다. 꿈꾸는 사람의 눈빛은 반짝반짝 빛이 나며 생동감이 넘쳐난다. 반면 꿈이 없는 사람의 눈빛은 초점을 잃고 방황하고 있다.

그렇다면 꿈이란 무엇일까? 도서 《꿈 PD 채인영입니다》로 유명한 정신과 전문의 채인영 박사는 '이루어지기만 한다면 무척이나 행복할 것 같은 일, 세상을 다 얻은 느낌을 주는 일, 기뻐서 가슴이 뛰는 일, 내가 살아있는 이유라고 느껴지는 일, 그것을 이룬 사람을 보면 무척 부럽고 때론 질투까지 느껴지는 일'을 꿈이라고 말한다. 즉, 꿈은 생각만 해도 내 가슴을 뛰게 하고 열정을 품게 만들며, 그것을 향해 나를 움직이게 만드는 신비로운 그 무엇이다.

  목표를 통해서 이루고 싶은 목적이 바로 꿈이다. 다시 말해 내 삶의 목적이 바로 꿈이요, 그 꿈을 이루기 위한 과녁이 바로 목표가 되는 것이다. 꿈은 아직 현실이 아닌 소망이기에 우리의 가슴을 설레게 한다. 또한 꿈은 현실에 희망을 주기에 살아갈 힘이 된다. 이 소망과 희망은 우리의 짧은 인생의 범위를 넘어서 더 커다란 그 무엇으로 연결되는 위대함을 갖게 하는 원천이 된다.

  꿈의 종류는 매우 다양하다. 누구는 작가가 되고 싶고 누구는 연예인이 되고 싶다. 누구는 그냥 부자가 되고 싶고 누구는 기업가가 되고 싶다. 이러한 꿈의 다양성은 놀라운 결과를 우리 사회에 선사한다. 우리 사회의 단면만 보면 모두가 일류대학,

즉 성공이라는 하나의 목표를 향해 달리고 있는 것처럼 보인다. 하지만 실제 사회의 모습은 천하고 귀함을 떠나 구석구석 다양하고 많은 일을 각각 다른 사람들이 나누어 하고 있다. 이 때문에 오늘도 우리 사회는 변함없이 질서 있게 돌아가고 있다.

어떻게 이러한 일이 일어날 수 있을까? 인기 없는 국악은 아무도 하지 않을 것 같은데 여전히 국악을 하는 사람이 나타나고 있으며 도무지 밥벌이가 되지 않을 것 같은 그림을 그리려는 사람도 여전히 나타나고 있다. 때로는 모든 것을 던지고 오지로 떠나 어려운 사람들을 돕는 일만 하는 사람도 있다. 이 현상을 어떻게 설명할 수 있을까? 그것은 사람마다 꿈이 있고 그 꿈이 각각 다르기 때문이다. 그렇지 않고서는 이런 다양한 현상을 설명할 도리가 없다.

그렇다면 당신은 그 많은 꿈 중에 어떤 꿈을 가지고 있는가? 몇 초 만에 떠오르는 그 무엇이 없다면 당신은 아직 꿈이 생기지 않았다고 볼 수 있다. 당신도 꿈을 갖고 싶을 때 스스로에게 물어야 할 가장 중요한 질문은 바로 이것이다.

'내가 삶에서 진정으로 하고 싶은 것은 무엇인가?'

진정한 꿈을 설정하고자 할 때는 자신의 비전, 가치관, 이상에서 출발해야 한다.

우리가 꿈을 설정하기 위해서 다음의 다섯 가지 마음 자세를 점검해 보는 것이 중요하다.

첫 번째, 남에게 보이고 인정받기 위한 꿈이 아니라 나 자신을 위한 꿈이어야 한다. 우리나라 사람들은 체면 문화 때문에 심리적으로 나보다는 남을 더 신경쓰는 경우가 많다. 그러다 보니 꿈마저도 남에게 보이고 인정받기 위한 꿈을 갖는 경우가 허다하다. 결국 나이를 먹고서야 이 꿈이 내 꿈이 아니란 걸 깨달았을 때는 이미 늦은 때가 많다.

두 번째, 간절하고 절실히 원하는 것이어야 한다. 간절하고 절실히 원하는 마음의 증거는 간단하다. 거의 매일 그 꿈이 생각나야 하고 이런 일이 한 달 이상 지속되어야 한다. 만약 나에게 이런 현상이 생긴다면 그것은 내 꿈일 가능성이 매우 높다.

세 번째, 일단 꿈이 설정되면 일관성이 있어야 한다. 처음에는 이 꿈이었다가 시간이 지나니 금방 다른 꿈을 꾸게 될 경우 이것은 내 꿈이 아닐 확률이 높다.

네 번째, 우리 안에 두 마음이 충돌하는 경우가 발생하여서는 안 된다. 예를 들어 마음 한편에서는 돈을 많이 벌고 싶은데 또 다른 한편에서는 돈을 경시하는 마음을 품는 식으로 두 가지 마음이 있으면 일이 제대로 진행될 수가 없다. 송이버섯과 독버섯을 함께 심지 말아야 한다.

　마지막으로, 꿈을 이루어가는 중간에 어려운 장애물을 만나더라도 절대 포기하지 않아야 한다. 만약 역경에 쉽게 포기하는 일이 생긴다면 그것은 내 꿈이 아니라는 증거가 될 수 있다. 진짜 꿈은 포기하는 일이 없기 때문이다.

　꿈을 성취하기 위해서는 강렬하고 뜨거운 갈망이 필요하다. 그런 열렬한 갈망이 생기려면 꿈이 순수하게 나를 위한 것이어야 한다. 갈망은 나로부터 내 안에서 발산하기 때문이다. 그래서 다른 누군가가(특히 부모님과 같은) 원하는 꿈이나 누군가를 기쁘게 하기 위한 꿈이 아닌 바로 자신을 위해 선택한 꿈이어야 한다. 진정으로 원하는 바에 대해서는 전적으로 자기중심적이어야 한다. 그래야 최고로 열정적인 갈망 에너지가 발산될 수 있다.

　그렇다고 가정이나 다른 사람들을 위한 일을 하지 말라는 의미가 아니다. 다만 삶을 위한 꿈을 설정할 때 만큼은 자기 자신을 중심으로 하여 꿈을 가질 때 가장 왕성하게 헤엄쳐 나아갈 수 있기에 하는 말이다. 내가 중심이 되지 않는 꿈은 몇 발짝 나아가지 못한다.

꿈을 갖기 위해서는 어릴 적 순수했던 마음을 되찾아야 한다. 어릴 적 순수함을 잃지 않는 사람들은 꿈을 갖기도 쉽고 이루기도 쉽다. 하지만 많은 사람은 성인이 되어가는 과정에서 순수함을 잃어버리기에 꿈까지 함께 잊어버리는 경우가 많다.

어린아이들은 96%가 높은 자존감을 가지고 있다고 한다. 즉, 아이들은 과학자, 대통령, 연예인 등 원하기만 하면 무엇이든 될 수 있다고 믿는다. 하지만 열여덟 살이 되면 그 비율이 5% 이하로 떨어진다고 한다. 어찌 보면 인간이 태어날 때부터 갖고 있었던 순수함이라는 보물이 세상의 고정관념에 물들어가며 서서히 위축되어 간다고 할 수 있다.

잠자고 있는 꿈을 깨워라

잠재의식을 자극하여 꿈을 깨우는 원리

우리 마음에는 누구나 깊이 간직하고 있는 꿈들이 있다. 그러나 이런 꿈들은 삶의 힘든 여정에서 대부분 얼룩져 무의식 속에 파묻혀 잊고 살게 되어 버리는 것이 보통의 현실이다.

그 녹슨 꿈을 다시 반짝이게 하기 위해서는 의식을 덮고 있는 녹과 얼룩을 벗겨내야 한다. 그것들을 제거할 용기와 신념만 있다면 누구나 잊고 있던 꿈을 펼쳐 볼 수 있다. 우리의 마음을 자극하면 마음속 깊은 곳에 잠재해 있는 소망이 허리를 펴고 일어나 잠자던 꿈도 눈을 뜨고 기지개를 켜게 된다. 내 안에 있는 무의식, 즉 잠재의식을 깨우고 내면의 욕구를 받아들임으로써 우리는 진정한 꿈을 찾는 법을 배울 수 있다.

지금부터 나의 잠재의식 속에 숨어 있을지도 모르는 꿈을 일으키고 찾아내기 위해 다음 몇 가지 질문에 답해 보라.

내가 좋아하고 하고 싶은데 하지 못한 일은 무엇인가?

예) 춤 배우기   해외여행   악기 배우기   미술학원 다니기

    운전 배우기   급류 타기   노래 배우기   외국어 배우기

    골프 배우기   활쏘기

내가 가장 큰 기쁨과 보람을 느끼는 일이나 활동은 무엇인가?

예) 소년 · 소녀가장 돕기   독거노인 돕기   난민 돕기

    부모님과 여행하기   동기부여 강사 되기   해외봉사

내가 하고는 싶었지만 시도하기가 두려운 일은 무엇인가?

예) 스카이다이빙   번지점프   스킨스쿠버   에베레스트산 등정

    오지 탐험   세계일주   산악자전거   경비행기 조종

한 소년이 초등학교 때 경북 문경에서 서울로 이사를 오게

되었다. 그때 소년은 마치 흑인처럼 새까맣고 또 심하게 사투리를 써서 친구들의 놀림감이 되기에 충분했다. 문경에 있을 때는 한번도 당해 보지 못한 일이라 소년은 위축되지 않을 수 없었다. 친구들과 친하게 지내고 싶었으나 지금 상황으로는 도저히 불가능한 것처럼 보였다.

그렇게 하루하루를 우울하게 보내고 있을 때 소년의 눈에 들어온 것이 바로 체조였다. 소년은 당장 체조부에 들어갔고 누구보다 유연한 몸으로 체조를 익혀 나갔다. 이윽고 소년은 철봉의 달인이라 불리며 친구들의 인기를 끌게 되었다.

중학교에 들어갔을 때, 소년의 마음을 또 한번 빼앗아 간 게 있었으니, 바로 교회 성가대였다. 소년은 노래를 부르는 것이 그렇게 행복할 수 없었다. 노래만 부르고 있으면 마치 세상을 다 가진 기분이 들었기 때문이었다. 이때 소년은 피아노도 배우고 기타도 배울 수 있었다.

하지만 성가대에 대한 관심은 얼마 가지 못했다. 고등학생이 되었을 때는 미술부에 들어갔기 때문이다. 사실 미술에 대한 관심보다 미술부가 외따로 떨어진 곳에 있었기에 자유를 누리고자 미술부에 들어간 것이었다. 여기에서 소년은 그림 그리기보다 기타 치며 노는 일에 더 열심이었다. 그렇게 대학에 진학할 때가 되었을 즈음 그는 고민하지 않을 수 없었다. 무슨 전공을 선택해야 할지 도무지 알 수 없었기 때문이었다. 미술은 아니었고 그렇다고 음악도 아니었다.

그때 그의 마음을 사로잡은 것이 바로 연극이었다. 그는 서울예술대학교 연극학과에 다니고 있던 형의 초대로 연극을 보러 간 적이 있었는데, 그때 형의 연극을 보고 자신도 연극배우가 되는 꿈을 꾸었던 것이다. 그가 형에게 연극배우가 되고 싶다는 이야기를 하자, 형은 '충분히 할 수 있다'며 용기를 불어 넣어주었다. 그렇게 그는 형의 지도를 받으며 당당히 형이 다니고 있었던 대학교의 연극학과에 합격하였다. 그리고 훗날 우리나라 최고의 뮤지컬 배우 최경주라는 이름으로 자신의 꿈을 이루어낸다.

진정한 나의 꿈을 찾기 위하여 최경주로부터 배울 점은 그때그때 내가 하고 싶은 것을 참지 말고 해 보라는 것이다. 최경주가 우리나라 최고의 뮤지컬 배우가 될 수 있었던 것은 과거의 경험이 쌓였기 때문이다. 초등학생 때는 체조를 좋아했다가 곧 싫증을 내고 중학생 때는 성가대로 옮긴다. 하지만 성가대마저 싫증을 내어 고등학생 때는 미술부로 옮기게 된다.

그런데 이제 마지막으로 대학교의 전공을 선택해야 할 때 최경주는 망설인다. 어떤 게 진짜 자신의 꿈인지 헷갈렸기 때문이다.

그때 구세주처럼 최경주의 가슴을 울리는 꿈이 나타났으니 바로 '배우'의 꿈이다. 최경주는 배우 중에서도 당시로서는 생소했던 뮤지컬 배우를 선택한다. 뮤지컬 배우란 무대 위에서 온갖 춤을 추고 노래까지 하며 연기하는 만능 배우를 말한다. 최경주는 준비된 뮤지컬 배우였다. 그는 초등학생 때 체조를 배워 춤에는 능한 재주를 이미 갖고 있었고 또 중학교 때 성가대를 하여 노래에도 일가견이 있었으며 피아노와 기타 등 악기도 어느 정도 다룰 줄 알았다. 여기에 연기를 전공했으니 더할 나위 없었다.

최경주는 자신이 그때그때 하고 싶었던 일을 망설이지 않고 했고 이 경험들이 쌓여 진짜 준비된 자신의 꿈, 즉 뮤지컬 배우의 꿈을 이룰 수 있었던 것이다. 그것도 우리나라 최고의 뮤지컬 배우로!

이처럼 내 꿈이 뭔지 모르겠는 사람들은 자신이 좋아하거나 하고 싶은 일을 망설이지 말고 시도해 봄으로써 꿈을 찾는 방법이 있다. 자신이 좋아하거나 하고 싶은 일을 꾹 참고만 있으면 잠재의식 속의 꿈을 깨울 수 없다. 하지만 그때그때 하고 싶은 일을 시도하는 가운데 잠재의식 속의 꿈이 꿈틀거릴 수 있다. 그러다가 어느 하나에 꽂혀 비로소 자신의 꿈을 찾는 경험을 하게 되는데 이때가 바로 잠재의식 속의 꿈이 모습을 드러내는 순간이 된다.

이 방법의 장점은 최경주 배우처럼 쌓아 온 다양한 경험들이 당신의 꿈을 성공시키는 데 도움을 줄 수 있다는 점에 있다. 삶의 목적 가운데 하나는 행복이나 기쁨, 즐거움의 경험을 가능한한 많이 누리는 것이다. 살면서 최고의 경험이라고 느꼈던 순간들을 적어 보고 이것들을 통해 진정으로 원하는 꿈이 무엇인지 찾아 보자.

최근 소개된 기사에 암에 걸려 시한부 인생을 살던 4명의 젊은 남녀가 소개되었다. 이들은 평상시 간절히 원했던 여행을 마지막으로 다녀오자고 의기투합하여 해외로 배낭여행을 떠났다. 자신이 시한부 인생이라는 것도 잊고 여행 자체만을 즐기면서 다니기 시작하였다. 어느 날 병원에서 정기 검진을 받는데 이들의 암 덩어리가 줄어든 것을 발견하였고, 현재는 거의 완치가 되었다고 한다. 이처럼 꿈을 이루는 여정은 시한

부 인생도 살리는 것이다.

　미국 당대 최고의 코미디언이었던 루실 볼은 "나중에 인생을 돌아볼 때 '젠장 해보기라도 할걸'이라고 말하는 것보다는 '세상에 내가 그런 짓도 했다니'라고 말하는 편이 낫다"라고 했다. 삶을 더욱 가치 있게 하기 위해 우리는 마음 깊숙이 숨어 있는, 내가 좋아하고 진정 하고 싶은 일들을 표출하여 경험해 보며 살아야 한다. 꿈이란 거창하고 원대한 것만을 말하는 것이 아니라 진정으로 원하는 것이다. 여러분 스스로가 할 수 있는 모든 일을 해 보기를 바란다.

　괴테는 "당신이 할 수 있는 일, 하고 싶은 일, 꿈꾸는 일을 지금 바로 시작하라. 대담함 속에는 이미 많은 힘과 재능, 마법이 숨겨져 있다"고 하였다.

지금 떠오르는 꿈을
적어 보라

　잠재의식 속 꿈을 깨우는 또 하나의 방법으로 현재 관심이
있거나 과거 흥미를 끌었던 것들을 떠오르는 대로 적어 보는
방법이 있다. 적는 행위는 생각하는 것보다 좀 더 적극적이며
구체적 행동이 되기에 잠재의식에 더 큰 자극을 줄 수 있다.
무언가를 적는 행위는 단지 공중에 떠 있기만 한 생각을 정리
하는 효과를 가지며 또 적힌 글을 보게 되므로 정리된 생각을
보게 하는 효과도 있다. 따라서 적는 행동은 생각하는 것보다
더 강력한 힘을 발휘하게 한다. 이 강력한 힘이 내면의 잠재의

식까지 전달되므로 잠재의식을 깨우는 데 더 큰 효과를 내게 되는 것이다.

그런데 내 꿈을 적는 행위는 단순히 적는 행위 이상의 의미를 가진다. 이것은 마음속 깊은 곳의 진정한 나를 부르는 비밀스럽고 낭만적인 마음의 행보와 연결된다. 따라서 당신은 지금 떠오르는 꿈을 적어 봄으로써 아무 거리낌 없이 마음이 부르는 소리를 따라가며, 당신의 잠재의식에서 꿈틀거리고 있던 꿈을 드러내게 만들 수 있다.

꿈을 적어 보라고 할 때 무엇을 적을까 망설이는 사람이 있다. 먼저 꿈은 아무런 제한이 없다고 상상하는 것이 중요하다. 왜냐하면 꿈은 현실이 아니고 미래에 이루어야 할 그 무엇이기 때문이다. 절대로 현실에 얽매여서는 안 된다. 자유로운 마음가짐으로 언젠가 되고 싶거나, 가지고 싶거나, 하고 싶었던 모든 것을 적어보라.

우리들 대부분은 자신 안에 감춰져 있는 실제 감정과 남들에게 보여 주는 대외적인 감정을 이중적으로 갖고 있다. 이때 진짜 내 꿈은 대외적 감정에 있는 것이 아니라 내 속에 감춰져 있는 나만의 감정 속에 있다. 따라서 남들에게 보여 주기 위한 것이 아니라 내 안에 간직하고 있는 솔직한 내 마음이 움직이는 대로 꿈을 적는 것이 중요하다. 자신의 상상력을 마음껏 발휘하여 자신이 되고 싶은 것, 하고 싶은 것, 갖고 싶은 모든 것을 생각나는 대로 하얀 백지 위에 적어 보라.

꿈을 적는 것은 하얀 백지에 그려 내는 한 폭의 예술 작품이다. 예술은 새로운 무언가를 억지로 생각해 내는 것이 아니라, 자기 내면에 있는 것을 자연스럽게 표현할 때 창조되곤 한다. 이와 마찬가지로 우리가 뭔가를 억지로 생각해 내려고 애를 쓴다면, 그것은 마치 자신의 손이 미치지 않는 저 높은 곳에 있는 무지개를 잡으려고 하는 것처럼 헛된 노력이 되고 말 것이다.

그렇기에 나의 내면에 이미 존재하고 있는 그것을 그냥 떠오르는 대로 적기만 하면 된다. 새로운 무언가를 찾으려고 노력하는 대신 자신의 내부에서 솟아오르는 소리에 귀를 기울이기만 하면 되는 것이다. 그러면 우리의 노력 대신 내 안의 누군가가 나타나 내 꿈이 떠오를 수 있도록 대신해 줄 것이다.

그런 면에서 내 안의 꿈을 이끌어 내는 행동은 마치 작가가 영감으로 예술 작품을 창조해 내는 행위와 비슷하다고도 할 수 있다.

화가가 그림을 그릴 때는 어떤 계획을 가지고 작업을 시작한다. 그러나 막상 그림을 그리다 보면 그림 자체가 생명력을 띠면서 처음의 계획이 휩쓸려 버리는 일이 일어나곤 한다. 이런 경우를 흔히 '붓 가는 대로 그린다'고 표현한다. 소설가들이 흔히 하는 은어로 '글이 글을 쓴다'는 말도 있다. 처음에 작품을 쓰려고 할 때 소설가는 막막하다. 온갖 생각과 상상들이 머릿속을 맴돌다 휙 떠나가 버리곤 한다. 그래서 막상 글을 쓰려니 무엇을 쓸까 고민되어 뒤로 미루곤 한다. 그러다 어느 날 글을 쓰기 시작하면 처음엔 어눌하다가 갑자기 영감이 떠오르며 애쓰지 않아도 글이 막 써지기 시작한다. 급기야 소설가는 무아지경 상태에서 이야기를 마구 써내려간다. 글을 쓰기 시작할 때 자신도 모르는 영감이 떠올라 글이 글을 써내면서 이런 일이 일어나는 것이다. 이런 일은 무용에서도, 작곡에서

도, 조각에서도 마찬가지로 일어난다.

우리의 꿈은 마치 자신이 만들어 내는 것처럼 보이지만 사실은 누구나 태어날 때부터 자신의 잠재의식에 내재하여 있다. 이것이 꿈의 신비다. 이러한 꿈을 의식세계로 끄집어 올리기 위해서는 강력한 펌프가 필요하다. 이 펌프 역할을 하는 것이 무언가를 하고자 하는 욕망이요, 갈망이다. 이 갈망이라는 통로를 통하여 꿈은 비로소 잠재의식을 뚫고 의식세계 밖으로 모습을 드러낸다. 꿈을 적는 행위는 바로 이러한 갈망을 부추기는 역할을 하기 때문에 자기의 꿈을 찾는 데 큰 도움을 얻을 수 있다.

꿈을 만지고
피부로 느껴라

　꿈을 적는 행동이 얼마나 대단한 효과를 가지는지에 대해 알아보았다. 하지만 인간은 망각의 동물이라는 사실을 간과해서는 안 된다. 꿈을 적는 그 순간이 잠재의식을 자극하는 것은 사실이지만, 그것은 단지 한 번 나무를 찍는 것에 불과하다.

　잠재의식을 나무에 비유했을 때 나무를 한 번 찍어 넘어갈 리가 없다. '열 번 찍어 안 넘어가는 나무 없다'는 속담처럼 나무는 여러 번 자주 찍어야 넘어가는 법이다. 따라서 적은 것을 그대로 방치하면 사실 그전으로 돌아가 버릴 가능성이 높다.

한 번 찍힌 나무의 자국이 시간이 지날수록 자생력에 의해 회복되는 것과 같은 이치다.

따라서 꿈을 적은 후 가능하면 그 내용을 반복하여 다시 보는 것이 중요하다. 학생이 책상 앞에 자신의 목표를 적어 붙이고 공부하러 책상에 앉을 때마다 반복하여 봄으로써 더 큰 효과를 내는 것과 같은 원리다. 반복하여 내가 적은 꿈을 보게 되면 그 꿈이 내 잠재의식에 점점 각인되어 간다. 이것은 처음에는 단지 바라는 것에서 갈망으로 발전하게 되고 종국에는 믿음으로까지 발전하여 꿈과 관련된 행동까지 이끌어 내는 힘으로 연결된다.

꿈의 내용이 체험으로까지 이어진다면 꿈에 대한 확신과 성취 가능성은 더 커질 것이다. 명문대학교에 입학하고 싶다면 원하는 대학교에 실제로 방문하여 캠퍼스도 걸어 보고, 강의실에 들어가서 재학생이 실제로 수업을 받는 것처럼 느껴 보고, 교내 식당에서 밥을 먹으면서 그 학교의 학생처럼 행동해 보는 것이다. 경비행기를 조종하고 싶다면 항공학교에 가서 경비행기를 만져 보고 조종석에도 앉아 보고 실제로 경비행기를 조정하고 있다는 느낌을 가져 보는 것도 필요할 수 있다.

잠재의식이 꿈을 인지하는 순간 꿈은 엄청난 가속 페달을 밟게 된다. 중학교 때까지 성적이 뒤에서 맴돌던 학생이 있었다. 그런데 고등학교에 진학한 어느 날 이웃에 사는 형이 서울대학교 배지 badge가 달린 교복을 입고 있는 모습을 보게 되었다(과거에는 대학교도 교복이 있었다). 그 순간 학생은 속에서 뜨거운 감정이 올라오는 것을 느꼈고 당장 그 형을 따라 서울대학교까지 방문하게 되었다. 이 학생은 자신도 이 대학교에 꼭 들어가고 싶다는 꿈을 갖게 되었고 이후로 미친 듯이 공부하여 마침내 서울대학교에 들어가게 되었다.

이것은 어느 자기계발 강사의 실제 일화다. 이처럼 내가 적은 꿈이 이미 이루어진 듯 실제로 체험해 보는 것은 마치 독수리가 웅비하는 것 같은 강력한 힘을 지니게 된다.

잠재의식 안에 머물러 있는 꿈은 깨우지 않으면 얼어붙은 씨앗처럼 언제까지고 동면해 있을지 모른다. 물론 사용하지 않아 움직임이 없는 꿈이라 하더라도 꿈 자체가 없어지지는 않는다. 잠재의식 안의 꿈이 어떠한 자극을 통해서 깨어날 때, 당신의 육체나 두뇌는 꿈의 목표를 향해 자동으로 작동하게 되어 있다.

20여 년의 세월 동안 8남매를 키우느라 자신을 위한 시간을 가지지 못한 한 가정주부가 있었다. 그녀는 이틀 동안 자유 시간을 갖고 하고 싶은 일들을 체험해 보는 TV 예능 프로그램에 참여하게 되어 충분한 경비를 지급받고 여행을 떠났다. 북적거리던 집을 나와 혼자 식사하고 호텔에 머물며 충분한 휴식도 취하면서 그야말로 오랜만에 마음껏 여유로운 시간을 보내었다. 그리고 꽃가게에 들러 꽃을 한 아름 사 들고 와서 늘 하고 싶었던 꽃꽂이도 해 보았다. 이런 시간이 그녀의 잠재의식 속에 숨어 있던 꿈을 흔들어 깨운 것일까? 꽃을 만지는 순간 그녀의 가슴속 묻혀 있던 꽃꽂이 전문가가 되고 싶다는 처녀 적 꿈이 되살아났다.

이후로 그녀는 자신의 꿈을 향해 나아가기 시작했다. 하마터면 영영 묻힐 뻔했던 꽃꽂이 전문가의 꿈을 위해 그녀는 지금 8남매를 키우는 일상 속에서도 틈틈이 꽃꽂이 공부를 하고 있다. 이처럼 잠재의식 속에 한번 심어진 꿈은 절대로 사라지지 않고 단지 무관심 속에 방치되어 있을 뿐이다. 그렇기에 우리는 내면에 숨어 있는 꿈을 흔들어 깨워서 진정 꿈을 향해 나아가는 삶을 살아야 한다. 그것이 진정 내가 원하는 삶이기 때문이다.

유명 코미디언 배우가 되기로 결심한 한 남자는 긴 무명생활에 지쳐 우울증에 걸렸다. 일자리가 없어 버려진 차 안에서 자고 공중화장실에서 씻으며 햄버거로 끼니를 때웠다. 그러나 그는 스타가 되겠다는 꿈을 포기하지 않고 스스로 천만 달러짜리 수표를 써서 지갑에 넣어 다니면서 3년 안에 꼭 이러한 천만 달러를 받는 배우가 되겠다고 생생하게 꿈꾸며 다짐한다. 이후 정말로 그는 영화 〈배트맨 포에버〉에 출연하면서 출연료로 천만 달러를 받게 된다. 그가 바로 세계적으로 유명한 미국의 코미디언 배우 '짐 캐리'다.

이룰 수 없을 것만 같은 꿈도 결국 이룰 수 있는 것이 꿈이다. 긴 시련과 고난에 멈추지 말고 자신의 꿈이 무엇인지를 생생하게 기억해야 한다. 짐 캐리가 스스로에게 쓴 천만 달러 수표를 지갑에 늘 가지고 다니며 매일 자신의 꿈을 만져 보고 피부로 느껴 본 것처럼 말이다.

진짜 꿈은 어떤 역경이나
장애도 막을 수 없다

꿈에는 진짜 꿈과 가짜 꿈이 있다. 진짜 꿈은 그것이 진짜 나의 꿈이요, 가짜 꿈은 사실은 내 꿈이 아닌데 내 꿈처럼 거짓으로 다가온 꿈이다.

고등학교 진학을 앞둔 아들이 있었다. 엄마는 아들의 꿈을 찾아서 진로를 결정하는 것이 중요하다고 생각해 아들에게 꿈이 무엇인지에 대해 물었다. 아들은 선뜻 대답을 못하다가 요리하는 것이 재미있다는 대답을 했다. 이에 엄마는 아들을 조리학과가 있는 특성화 고등학교로 진학을 시켰다. 아들은 처음에는 제법 요리에 관심을 가지는 듯 했으나 조리사 시험에 몇 번 떨어지면서 흥미를 잃어가기 시작했다. 결국 대학교에 진학할 때 아들은 요리사의 꿈을 접고 다른 학과를 선택하고 말았다.

이것은 실제 지인의 이야기다. 왜 이런 일이 일어났을까? 이 이야기를 잘 살펴보면 진짜 꿈과 가짜 꿈의 경계를 알 수 있다. 좋아하는 것이 꿈이 될 수는 있으나 좋아하는 모든 것이 꿈이 될 수는 없다. 하고 싶은 것이 꿈이 될 수는 있으나 하고 싶은 모든 것이 꿈이 될 수는 없다. 좋아하는 것 중 어떤 것은 하다 보니 싫증날 수도 있고, 하고 싶은 것 중 실제 해 보니 더 이상 하고 싶지 않은 것도 있을 수 있다. 이런 것들은 꿈의 범주에서 벗어난다.

꿈이란 포기하지 않고 지속적으로 하고 싶은, 그러면서도 좋아하는 어떤 것이기 때문이다. 그런 면에서 진짜 꿈인지 아닌지 알아보는 간단한 방법은 중간에 포기하는지 아닌지로 판별할 수 있다.

그런 면에서 꿈은 어떤 역경과 장애에도 좌절되지 않는다. 만약 역경 앞에서 무너진다면 그것은 꿈이 아니다. 장애 앞에서 멈춰서서 포기한다면 그것도 꿈이 아니다.

한국 최초의 시각장애인 박사인 강영우 박사는 "내 인생에 실패는 있어도 포기는 없다."며 장애를 극복하고 미국 백악관 차관보 직급까지 올랐다.

미국 26대 시어도어 루스벨트 대통령은 정치 활동 중 아내가 죽고 당일 어머니가 돌아가셨으며, 대통령이 된 후에도 눈이 멀고 귀가 머는 고통을 당하면서도 그것을 극복하고 대통령직을 훌륭히 수행하여 링컨, 워싱턴, 제퍼슨 대통령과 함께 미국 러시모어산(미국 사우스다코타주 남서부 블랙힐스 산지에 있는 산봉우리로, 미국 역사상 위대한 대통령 4명의 두상이 조각되어 있다)의 큰 바위 얼굴에 새겨졌다.

시어도어 루스벨트 대통령과 사촌 간인 미국 32대 프랭클린 루스벨트 대통령은 소아마비를 극복하고 대통령이 된 후 1929년부터 시작된 대공황으로부터 나라를 구해냈다.

미국의 철강왕 카네기의 전용 화장실에는 모래사장에 정박한 초라한 배 그림이 하나 있었다. 그림 밑에는 '반드시 밀물이 밀려오리라. 그날, 나는 바다로 나아가리라'라는 글자가 함께 쓰여 있었다. 결국 청년 카네기는 젊은 시절에 이 그림을 보면서 밀물이 다가올 그날을 기다리고 다짐하면서 결국 성공을 이루어냈다.

진짜 꿈은 간절하고 강렬히 다가온다. 그저 이루어지면 좋고 이루어지지 않으면 그만이라는 마음을 갖게 하는 것은 꿈이 아니다. 어떤 젊은 남자가 소크라테스를 찾아가서 어떻게 하면 지혜를 얻을 수 있는가를 물었다. 소크라테스는 그 젊은이를 강으로 데리고 가서 그의 머리를 물속에 밀어 넣었다. 그리고 그가 숨을 쉬려고 허우적거릴 때까지 그의 머리를 누르고 있다가 그를 놓아주었다. 그 젊은이가 평정을 되찾았을 때, 소크라테스는 그에게 "물속에 머리를 넣고 있을 때 무엇을 가장 바라게 되던가?"라고 물었다. "공기였습니다."라고 젊은이가 대답하자 소크라테스는 고개를 끄덕이면서 "물에 머리를 담그고 있을 때 공기를 원했던 정도로 간절히 지혜를 바란다면, 자네는 지혜를 얻게 될 것이네."라고 하였다.

꿈도 마찬가지다. 내가 반드시 실현을 원하는 진실하고 강력한 욕구가 있다면 그것은 진짜 내 꿈이 맞으며 그러한 꿈은 어떤 역경도 극복하고 이루어지고야 말 것이다. 꿈은 반드시 이루어진다는 말은 이러한 원리로 인해 나온 것이다.

현실에 부딪혀 꿈을 잠시 뒤로 미뤄둘 수는 있다. 그러나 진정 간절한 꿈이라면 묵혀 둔 진실이 결국엔 수면 위로 드러나듯 다시 한번 드러나 당신의 마음을 울릴 것이다. 진짜 꿈을 마음속에 품는다면 그 꿈으로부터 벗어날 수 없다. 그렇기에 어떤 역경이나 장애도 가로막을 수 없다. 제 아무리 크고 단단한 바위도 부드러운 물살에 오랜 시간 부딪히면 제 살이 깎여 나가 작아지듯 꿈을 품고 노력하는 시간이 쌓이면 꿈과 꼭 닮은 모습으로 그 옆에 서 있게 될 것이다.

꿈은 포기하지 않는 한, 반드시 이루어진다. 마라톤 42.195㎞를 뛰면서 도중에 포기하지 않으면 결국에는 목적지에 도달할 수 있는 것처럼 꿈도 포기하지 않으면 반드시 이루어진다. 사람들은 마라톤을 완주하는 것을 대단하다고 생각하지만 꿈을 이루기 위해 완주하는 것은 마라톤보다 훨씬 대단할 뿐 아니라 아름답고 멋진 일이다.

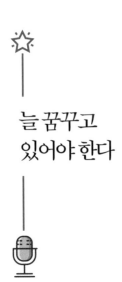

늘 꿈꾸고
있어야 한다

　호텔의 제왕 콘래드 힐튼은 인생의 성공을 위해 탁월한 재능보다 결정적인 것은 '꿈꾸는 능력'이라고 했다. 그는 혼신의 힘을 다해 성공한 자신의 모습을 그렸기에 지금의 자신이 될 수 있었다고 한다. 시각, 청각 장애인이었던 헬런 켈러 여사는 "세상에서 제일 불쌍한 사람이 시력은 있는데 꿈이 없는 사람이다."라고 하였다. 지금 살고 있는 현실에만 급급한 사람들을 일컫는 말이다.

　미국의 마틴 루터 킹 목사의 '나는 꿈을 가지고 있다(I have

a dream)'라는 유명한 명연설이 있다. 그는 당시의 어려운 상황 속에서도 결코 꿈을 잃지 않았고 그 꿈을 성취하기 위해 목숨까지 아끼지 않으며 노력했던 사람이다. 비록 그는 젊은 나이에 흉탄에 맞아 유명을 달리했지만, 많은 미국인에게 꿈을 심어 주는 정신적 지주가 되어 오늘날까지도 존경받고 있다.

손정의, 빌 게이츠, 스티브 잡스, 오프라 윈프리 등 많은 성공한 사람들의 공통점은 항상 꿈을 가지고 시련을 극복하여 성공하였다는 사실에 있다. 물론 꿈을 꾸는 모든 사람이 반드시 꿈을 이루지는 못한다. 그러나 꿈을 이룬 사람 중에 꿈을 꾸지 않은 사람은 없다.

사람들은 꿈이 단지 나를 행복하게 해줄 그 무엇이라고 생각한다. 그러나 성경에서는 '꿈이 없는 민족은 망한다'라고 말하고 있다. 이것은 무엇을 의미하는가? 꿈은 단지 행복과 관련된 그 무엇 이상의 의미를 지니고 있음을 뜻한다. 꿈이 없는 민족은 망하듯이 꿈이 없는 개인도 망하게 된다. 왜냐하면 꿈이 곧 인간의 생명력을 부여하는 에너지의 원천이기 때문이다. 꿈이 없는 사람은 이러한 생명력이 없기에 서서히 스러져갈 수밖에 없다. 반면 꿈이 있는 민족은 흥하게 되는 것처럼 꿈이 있는 사람도 성공을 향해 나아가게 된다.

꿈은 어떻게 한 사람을 성공으로 이끌까? 꿈이 확실한 사람은 그 길이 아무리 거칠다고 해도 앞만 보며 나아갈 수가 있지만 꿈이 없는 사람은 아무리 좋은 길이라 해도 앞으로 나아가는 데 한계가 있다. 흔히 사람들은 학벌과 능력이 성공을 가져다줄 것으로 생각한다. 그러나 반드시 그런 것은 아니다. 성공을 불러들이는 데 있어서 중요한 것은 생생하게 꿈꾸는 능력이다. 성공한 자신의 모습을 상상하고 그려볼 줄 알아야 한다. 꿈은 이루어진다는 원리처럼 성공하고 싶다면 성공을 생생하게 꿈꾸어라. 그러면 운명처럼 기회가 찾아오고 성공을 향해 나아가게 될 것이다.

꿈은 생각만 해도 내 가슴을 뛰게 하고, 열정을 품게 만들며, 그것을 향해 나를 움직이게 만드는 신비로운 그 무엇이다. 목표를 통해서 이루고 싶은 목적이 바로 꿈이다. 꿈은 아직 현실이 아닌 소망이기에 우리의 가슴을 설레게 한다. 또한 꿈은 현실에 희망을 주기에 살아갈 힘이 된다. 이 소망과 희망은 우리의 짧은 인생의 범위를 넘어서 더 커다란 그 무엇으로 연결되는 위대함을 갖게 하는 원천이 된다.

2단계

목표

목표를 설정할 때
성공은 이미 시작된다.

목표를 설정하는 순간
스위치가 켜지고
물이 흐르기 시작하고
성취하려는 힘이 현실화된다.

◆

린 데이비스

목표란 무엇인가?

내 진짜 꿈을 발견했다면 이제 꿈을 이루기 위한 발걸음을 내딛어야 한다. 꿈을 이루는 과정을 등산에 비유했을 때 꿈이 산 정상이라면 우리는 정상에 오르기 위한 행동 지침을 세워야 한다. 이처럼 꿈을 이루기 위한 구체적인 행동 지침이 바로 목표다. 내가 아무리 정상(꿈)에 오르고 싶더라도 산 어귀에서 정상까지 오르기 위한 행동이 없다면 나는 절대 정상에 오를 수 없다. 그런 면에서 목표는 산 정상, 즉 꿈을 이루기 위한 최고의 행동 기술이라고 할 수 있다. 여기서 행동 기술이라고 하는 점에 주목하라. 목표는 단지 생각이나 글자가 아니라 행동을 위한 것이다. 즉, 목표는 오로지 행동을 위해 존재하는 것임을 잊지 말아야 한다.

그런 점에서 목표를 설정하는 능력은 성공으로 향하는 최고의 기술이라고 할 수 있다. 성공을 위해 꿈이 25% 정도를 차지한다면 목표는 75% 정도를 차지할 만큼 매우 중요하다. 목표 없이 살아가는 것은 심야의 짙은 안개 속을 탐조등 없이 운전하는 것과 같은 꼴이다. 이 경우 아무리 차의 성능이 우수해도 한 치 앞을 내다볼 수 없어서 머뭇거리게 된다.

아마도 당신은 여전히 꿈과 목표를 혼동하고 있을지 모르겠다. 예를 들어 나는 작가가 되고 싶다는 꿈이 있다고 해 보자. 이것은 명확하고 구체적인 행동 지침이 포함되지 않았기에 꿈은 될 수 있으나 목표는 될 수 없다. 목표는 꿈과 달리 명확하고 구체적으로 기록되고 다른 사람에게 언제든지 쉽게 설명할 수 있는 특성을 가진다. 또한 측정할 수 있으며, 그것을 언제 성취했는지 또는 못했는지를 명확히 알 수 있다. 예를 들어 작가가 되기 위해 하루 얼마의 시간을 글쓰기 공부에 투자하고 언제까지 등단을 하는 것 등이 목표가 될 수 있는 것이다.

목표가 설정되면 안개가 걷히고 우리는 에너지와 능력을 집중하여 한 방향으로 전진할 수 있게 된다. 또한 목표가 있다면 표적을 향해 날아가는 화살처럼 목적지가 어디인지를 알 수 있기에 꿈을 향해 집중하기가 훨씬 수월해진다. 구체화하지 못한 목표는 실패에 대한 두려움을 심어 줘서 앞으로 잘 나아가지 못하게 하지만, 구체화한 목표는 차가 빠르게 앞으로 달려 나가듯 꿈을 더욱 빠르게 성취할 수 있게 해 준다.

목표의 중요성을 그토록 강조했음에도 불구하고 여전히 목표를 설정하지 않는 사람들이 많다. 사람들이 목표를 잘 설정하지 않는 이유는 목표의 중요성을 모르기 때문이거나 목표를 설정하는 방법을 모르기 때문일 가능성이 높다. 어떤 사람의 경우 타인의 시선에 대한 두려움 때문에 목표를 설정하지 않는 사람도 있다. 그들은 목표를 설정하고서도 성공하지 못한다면 다른 사람들이 자신을 비난하거나 조롱하지 않을까 두려워한다.

망망대해를 항해하는 배가 있다고 해 보자. 보잘것없어 보이는 나침반 하나가 거대한 큰 배의 운명을 결정한다. 방향이 명확하지 않으면 제아무리 최첨단 큰 배라 할지라도 결국 어딘지 모를 망망대해를 표류하게 된다. 목표가 명확하다면 시간이 지체되었다 한들 배는 우왕좌왕하지 않는다. 당신이 뉴욕을 가려고 공항을 간다면 아무 비행기가 아닌 뉴욕행 비행기를 탈 것이고 그게 언제 뉴욕에 도착하는지도 잘 알 것이다. 목표가 가지는 힘이 바로 이런 것이다. 지금 우리에게 필요한 것은 인생의 명확한 방향을 제시해 줄 목표다.

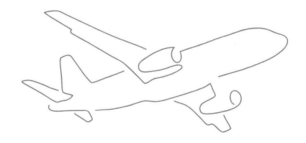

목표目標가 이루어지는 원리
目과 標의 의미

　이제 목표의 한자어 뜻을 통하여 목표가 어떻게 이루어지는지 그 원리를 파헤쳐 보자. 목표는 한자어로 눈 목(目) + 표할 표(標)로 구성되어 있다. 이때 눈 목(目)의 의미는 '단순히 보는 것, 관심 있는 것을 상세히 관찰하는 것'이라 할 수 있고, 표할 표(標)의 의미는 '표시하다, 나타내다, 기록하다, 적다(보이게 시각화하는 것)'라는 의미로 볼 수 있다. 즉, 목표는 관찰한 것을 표시함으로써 이루어지는 원리를 담고 있는 것이다.

이것을 다시 눈 목(目)과 표할 표(標)로 나누어 다시 깊게 들여다봄으로써 목표의 과학적 원리에 다가가 보자.

눈 목(目)

눈 목(目)은 보는 것이다. 시각을 통한 목표 형성 과정의 예를 들어보면 다음과 같다.

매장에서 스마트폰을 본다 → 관심이 있어 자세히 본다 → 모델명을 적는다 → 이것을 가지고 싶다 → 어떻게 가질 수 있을까?

단순히 보다 → 관심 있게 보다 → 원하게 된다 → 표시를 하다 → 목표를 설정한다

평소에 관찰력이 좋아야 관심을 가지게 되고 관심이 깊어지면 그것을 원하는 단계로 발전하여 목표가 생기게 되고 결국 이를 현실화하는 방법을 알아내는 과정을 거치게 된다. 즉, 적극적인 목표는 봄 – 관심 – 의지 – 원함의 과정을 거쳐 생기게 되는 것이다.

표할 표(標)

표할 표(標)는 표시하는 것이다.

표(標)라는 글자는 木(목), 襾(아), 示(시)로 구성되어 있다. 이를 글자별로 풀이해 보면 다음과 같다.

1. 나무 목(木)

뿌리: 다방면의 경험 단계 (목표점 찾아내기)

- 땅속의 목표(보물)를 뿌리가 뻗어가면서 찾아낸다.
- 목표(보물)를 찾았으면 그것에 뿌리를 깊게 박는다.
- 그 뿌리와 더불어 실뿌리들이 생겨나고 미래의 잠재적인 수많은 작은 정보를 빨아들인다. 뿌리가 뻗어 나가듯 다방면으로 경험하고 체험해서 결국 목표점을 찾아내게 된다.

목표가 생긴 사람은 그 목표가 이루어질 것 같은 희망에 설레게 된다. 예를 들어 포르쉐를 꼭 갖고 싶은 목표가 생긴 사람은 포르쉐의 배기음만 들어도 가슴이 뛴다. 이처럼 목표를 갖게 된 사람은 항상 이 자동차를 궁금해 하며 정보를 모으고 새로운 시도를 두려워하지 않고 다양한 경험을 쌓아 자신만의 튼튼한 뿌리를 가지게 된다.

가지: 준비하고 기초 다지기 (꿈과 목표의 구체화)

- 튼튼한 뿌리에서 빨아들인 자양분(목표/보물)을 통해 가지가 올라와서 자란다.

- 가지가 잘 자라도록 기본적인 정보나 아이디어를 준비한다.

- 꽃을 피우고 열매를 잘 맺을 수 있도록 자양분을 모은다 (기초 단련을 한다).

가지는 잎과 꽃, 열매를 피우기 위한 기초 행동이다. 예를 들어 10년 후 보스턴 마라톤 대회에서 우승하고 싶다고 목표를 세웠다면 마라톤 선수가 되는 방법을 알아보고 어떻게 참여하는지, 훈련비와 참가비는 어떻게 조달할 것인지를 계획한다. 또한 자신의 체력을 테스트하여 운동 방법과 시간 등을 정하고 매일 규칙적으로 노력한다. 10년 후 모습을 생각하며 하고 싶지 않을 때도 연습하고 매일 규칙적으로 실천하다 보면 그 고통의 시간 속에서도 즐거움을 찾고 행복을 느끼면서 그 시간은 10년이 아니라 5년으로 단축될 수도 있을 것이다.

잎: 끌어들이기 (꽃을 피우기 위한 행동)

- 잎은 광합성을 통해 에너지를 태양과 하늘에게서 받는다.
- 자금 투자, 글로벌한 아이디어, 다각적인 시장 개척, 전문성 등을 쌓는다.
- 꽃을 피우기 위한 자금을 벌어들인다.

꽃: 외부로 알리기 (꿈 실현하기)

- 꽃은 수정이라는 목적을 위해 향기와 아름다운 자태로 벌과 나비를 유혹한다.
- 자신이 하는 일을 실현하는 단계다.
- 참여한다(각종 대회, 전시회, 시험 응시, 오디션 등).
- 시작한다(창업, 홈페이지, 점포 계약 등).

열매: 이 모든 것을 이룬 결과, 곧 꿈을 이룬 단계가 곧 열매다

2. 덮을 아(襾)

보이는 것 위에 덮은 것이 있다는 것은 아직 보이지 않는다는 뜻이다. 다시 말해 아(襾)는 알 수 없는 미래의 일을 뜻한다.

생각뿐이며 확실하게 보이지 않고 현실화하지 않은 상태이므로 아직은 이루지 못한 꿈에 해당한다고 할 수 있다. 즉, 미래의 계획을 현재 세우는 것을 뜻하고, 환경에 따라 나무 길이가 웃자라게 되면 설사 그 목표가 눈앞에 보이더라도 주위의 여건에 따라 반토막이 날 수도 있다. 미래의 일을 생각할 때는 보이지 않는 것이 존재한다는 생각으로 임해야 한다.

3. 볼 시(示)

항상 보이는 것, 현실을 말한다. 미래의 내 꿈을 이루기 위해서는 매일 볼 수 있도록 이미지화하는 것이 중요하다.

즉, 표(標)는 나무(木)에 덮여 있는(襾) 시각화된 표시(示)라고 할 수 있다. 예전에는 우듬지(나무줄기의 끝부분)라 하여 나무로 된 기다란 말뚝 꼭대기 부위에 방향이나 위치를 알리는 이정표나 지역의 경계를 보여주는 경계표 등의 표지판을 걸거나 박아 사용했다. 지금은 수많은 교통표지, 도로표지 등을 기둥의 꼭대기에 달아서 위치를 표시하여 알려 주고 있다.

이러한 표시는 길을 가는 사람들이 바른 길로 갈 수 있도록 안내하는 역할을 한다. 목표의 표(標)도 마찬가지로 목표를 향해 나아가는 사람이 바른 길로 끝까지 갈 수 있도록 안내해 주는 역할을 한다.

이상의 목표(目標)를 정리해 보면 시각(目)을 통하여 형성된 꿈을 표시(標)를 통하여 목적지까지 바르게 잘 갈 수 있도록 안내해 주는 것이다.

이미지로 상상이 가능한
경우에만 목표로 설정하라

꿈의 목록 중에서 성공의 이미지를 구체적으로 상상할 수 있으면 그 꿈에 대한 목표를 작성해도 된다. 꿈을 이루어 낸 이미지가 상상이 되고 실제로 이루어졌다는 느낌이 들 때 실현 가능성이 높기 때문이다. 하지만 내 꿈을 이미지로 상상할 수 없다면, 아직 그 꿈은 이룰 준비가 되어있지 않은 것이므로 좀 더 준비 과정이 필요하다.

이미지로 상상할 수 없는 목표는 실패할 가능성이 높다. 왜냐하면 우리 뇌는 물리적 또는 정신적으로 이미지를 만들 수 있을 때 실현 가능성이 높기 때문이다.

그렇다면 이미지를 상상한다는 것은 어떻게 하는 것일까? 이미지를 상상한다는 것을 이미지화라고 하는데 이미지화는 상상력을 이용해서 미래의 목표 지점으로 가서 당신이 원하는 것을 갖고 있고, 또 당신이 원하는 일을 하고 있으며, 당신이 바라는 결과를 성공적으로 달성했다고 마음속에 그려보는 훈련을 말한다.

이미지화를 하면 우리의 뇌는 더 오랜 시간 목표를 잊지 않기 위해 끊임없이 정보를 요구한다. 그리고 그 정보를 바탕으로 행동하기 시작한다. 다시 말해 눈에 보이는 대로, 입으로 말하는 대로 내가 만들어지고 나의 미래가 결정되는 것이다. 스탠퍼드대학교 로버트 혼 교수는 단순하게 듣고 기억한 정보는 시간이 지나면 약 15% 정도만 기억에 남는 반면, 이미지와 함께 기억한 정보는 약 89%까지 기억에 남는다는 사실을 밝혀냈다. 단순히 기억하는 것과 이미지로 기억하는 것과는 확연한 차이가 있다는 것이다.

'백문불여일견百聞不如一見'이라는 고사성어도 있듯이 하나의 이미지가 백 마디의 말보다 가치가 있다. 당신의 사고는 많은 부분이 말로 이루어져 있지만, 마음속 깊숙이 잠재의식을 움직이는 사고는 말이 아닌 이미지로 이루어지게 된다. 어떤 생각이 떠오른다면 그것은 대개 어떤 일이 일어나는 이미지의 형태지, 머릿속에서 어떤 문장이 지나가는 것은 아니다. 당신의 잠재의식 속에 이미지가 만들어질 때 그것은 언어가 만들어질 때보다 훨씬 심층적인 단계에서 이루어진다는 것을 명심해야 한다.

우리의 목표를 이미지로 상상해야 하는 또 다른 이유 중 하나는 인간의 두뇌 현상들 때문이다. 명확한 목표를 상상을 통해 이미지로 설정하고 나면, 관심이 커져서 그 목표를 빨리 성취할 수 있도록 돕는 것들에 더 민감해진다. 이것은 아무리 많은 사람이 모여 떠들어도 오직 관심 있는 이야기만 골라서 듣게 되는 현상으로 나타나기도 하는데 이를 '칵테일 파티 효과'라고도 한다.

시각 현상도 청각과 마찬가지로 적용된다. 우리가 눈만 뜨면 보이는 좋은 집, 고급 차, 성공한 사람, 멋진 여행지 등 이미지의 대상은 항상 우리 주변에 득실거린다. 이들을 잠재의식 속에 명확하게 이미지로 각인하지 않으면 일상을 살면서 무관심하게 지나치기 쉽고 흥미를 갖더라도 일순간에 그치게 된다. 하지만 무심코 지나쳤던 사물이 이미지로 연상된 우리의 목표와 연관되어 있음을 인지하는 순간 자석이 끌어당기듯 눈에 확 들어오게 되고 뇌리에 박히게 된다. 만약 목표에 대한 이미지를 가지고 있지 않다면 지나쳐 버릴 일인데 우리 마음에 새겨 둔 이미지 때문에 놓치지 않고 목표의 일부로 담아 둘 수 있는 것이다.

목표를 설정할 때는 이미지를 구체적이고 선명하게 그려야 한다. 오감을 총동원해 장면 하나하나를 최대한 자세히 상상할 때 최대의 이미지화가 이루어진다. 예를 들어 집을 짓는다면 집의 크기 및 구조를 그리고, 거실 구조와 식구들이 차를 마시는 모습도 상상해 보고, 문고리의 재질과 색깔뿐만 아니라 촉감도 느껴보고, 욕실의 구조와 그 안에서 샤워를 하는 모습도 그려 보아야 한다.

잠재의식은 현실과 상상을 구분하지 못하므로 이 이미지를 받아들이는 순간 잠재의식은 목표를 이루도록 작동하게 되어 있다. 이미지화 습관을 키우기 위해 휴대전화나 PC 바탕화면에 꿈과 목표와 연계된 이미지를 저장해 두면 자주 들여다보게 되어 목표를 이루는 데 도움을 얻을 수 있다.

이미지를 상상하기 위해서 목표를 실제로 보고 느끼는 것도 도움이 된다. 우리의 시각은 감각의 60%를 차지하고 있기에 보이는 대로 그것을 따라하려는 특성을 가진다. 의사 집안에서 의사가 나오고, 법률가의 집안에서 법률가가 많이 나오는 이유가 이 때문이기도 하다. 예를 들어 명문대학교에 들어가고 싶다고 목표를 정했다면, 원하는 대학교를 생각하고 그 이미지를 머릿속에 떠올리기 시작해 보라. 그 순간부터 어디를 가든 그 명문대학교 학생만 보이고 길거리에서 다른 사람들은 그냥 지나쳐 가도 그 학교 학생을 보는 순간 그로부터 광채가 나는 것을 느끼게 될 것이다.

이미지 훈련은 일상생활 속에서도 할 수 있다. 매일 일정한 시간을 정해 눈을 감고 자신의 목표가 달성되는 모습을 생생하게 그리는 훈련을 해 볼 수 있다. 이때 자신이 이룬 목표가 어떤 느낌, 어떤 냄새, 어떤 모습인지 구체적이고 명확하게 이미지화하는 것이 중요하다.

또한 자신이 부정적인 생각에 잠겨 있는 걸 발견하면 즉시 그 생각을 중단하고 지워야 한다. 그리고 부정적인 이미지를 자신이 진정으로 바라는 성공한 모습으로 대체해 보라. 이미지가 당신의 감정과 느낌에 직접적이고 근본적이며 절대적인 호소력을 지닌 데 비해 말은 간접적인 호소력만 지닌다. 말은 이미지로 옮겨진 뒤에야 당신의 가장 심층적 단계에서 그것들을 받아들이고 반응하게 되어 있다. 따라서 당신의 목표를 마음속에 이미지화하는 방법을 먼저 훈련해야 한다.

이미지화를 위해 중요한 것이 정신력과 상상력이다. 기능주의 심리학에 큰 업적을 남긴 윌리엄 제임스는 "우리 세대의 가장 위대한 혁명은 정신세계를 바꿈으로써 현실 세계를 변화시킬 수 있는 것"이라고 하였다. 자신에게 아무런 한계도 없으며 목표를 성취하는 데 필요한 시간, 재능, 능력을 모두 다 갖추고 있다고 상상해 보라. 목표를 정할 때는 그것이 이미 이루어진 듯 상상해 보라. 그 목표에 도달해서 성취의 기쁨을 누리고 있는 자신의 모습을 바라보라. 이미 목표가 이루어진 듯이 행동해 보라! 상상력은 목표를 성취하는 데 필요한 사람, 상황, 재원을 삶속으로 끌어오는 끌어당김의 법칙을 작동시킨다. 상상력은 내면과 외면을 일치시키는 상응의 법칙 또한 작동시킨다. 내면의 마음속 그림이 변하면, 외부 세계도 마치 거울처럼 덩달아 변하기 시작하는 것이다.

목표를 다각도에서
관찰하고 상상하라

꿈을 이루기 위해 필요한 관찰력이 있다. 눈에 보이는 것을 잘 볼 뿐만 아니라 눈으로 본 것을 상상하고 현실화하는 힘까지를 의미한다. 즉, 꿈을 이루기 위한 관찰력은 상상력과 긴밀히 연결되어 있다고 볼 수 있다. 관찰력과 상상력을 높이는 방법에는 다음과 같은 6가지가 있다.

1. 다양한 사진을 차분히 보고 생각하라

목표를 향하는 방법은 여러 가지 있지만, 눈에 자주 보이는 것에서부터 가장 기본적으로 시작된다. 자기가 목표로 하는 대상 혹은 눈에 보이는 사물을 항상 본인의 가장 가까운 자리에 두어 확인하고 생각해야 한다. 가장 좋은 방법은 사진을 찍어 그것을 수시로 들여다보는 것이다. 스마트폰으로 사진을 찍어 필요할 때마다 들여다보면 그 사진 속에 있는 이미지가 선명하게 각인될 것이고 그로 인해 관찰력은 더욱 커질 것이다.

2. 보이지 않는 변화를 관찰하고 분석하라

사진을 매일 같은 장소에서 촬영하면 변화를 느끼는 능력을 단련할 수 있다. 같은 장소를 관찰하고 느끼기 위해서는 변화를 읽는 섬세함이 필요하기 때문이다. 예를 들어 우리 동네 도로를 계속 관찰한 결과 어제와 달리 도로에 낙엽이 많이 쌓인 것을 보고 어젯밤에는 바람이 강하게 불었음을 짐작할 수 있다. 이 같은 변화에 매일 접근하다 보면 어느덧 관찰력은 저절로 생겨난다. 상상력을 키우기 위해서는 보이지 않는 부분을 의식해 보려고 노력하는 것이 중요하다.

3. 여러 가능성 중 결말을 추리하라

하나의 사물을 다방면으로 관찰하고 분석하며 통찰하는 힘은 책이나 소설을 통해서도 단련할 수 있다. 자신이 원하는 목표를 향해 나아가면서 생겨나는 세세한 변수를 관찰하여 결말을 예상하고 대비하는 경험이 습관화되면 통찰력이 키워진다. 만약 목표까지 가는 방향에 있어서 모순이 존재한다면 자신이 목표로 한 내용을 다시 차분히 살펴봐야 한다.

4. 어린아이처럼 생각하고 행동하라

사람은 누구나 자기만의 방식으로 사고하고 행동한다. 그러다 보면 어느덧 주관적 의식의 터널 속에 갇히게 되곤 한다. 어린애는 아직 주관적 가치관이 확고하게 자리잡기 전이다. 그래서 순수한 시선을 가지고 현상을 있는 그대로 볼 수 있다. 어린아이는 선입견이라는 색안경을 끼기 이전 상태이기 때문에 모든 가능성을 향해 감각을 열어 둘 수 있다. 보통의 일반적인 어른의 시각으로 시야를 한정하지 말고 평소 보지 않는 것까지 상상을 확장해 볼 수 있는 것이다.

당신이 원하는 것, 당신의 목표는 당신 스스로가 만들어 가는 것이다. 항상 '왜?'라고 생각하고 '다른 사람은 어떻게 할까?' 등 눈에 보이지 않는 다양한 측면을 생각해 보라. 이러한 추리가 통찰력을 단련시킬 수 있다.

5. 실패와 성공의 요인을 잘 파악하는 통찰력을 키워라

하나하나 사건을 잘 관찰하면 각각의 실패와 성공이 보인다. 그 실패를 제거하고 성공을 보장하는 패턴을 찾아내는 힘이 통찰력이다. 모든 일에 대한 실패와 성공을 잘 관찰하고 실패와 성공의 요인을 분석하여 실패를 피하기 위한 현명한 방법을 도출해 내야 한다.

눈에 보이는 결과뿐만 아니라 그렇게 된 경위, 원인을 분석하다 보면 통찰력이 향상된다. 통찰력이 있어야 목표까지 정확하게 갈 수 있다. 관찰력과 통찰력이라는 게 선천적으로 타고난 것이고 성공한 사람들만 가진 능력이라고 치부하지 말자. 일상 속에서 사소한 것도 살펴보며 '왜 이럴까?' '더 나은 방법은 없을까?' 등으로 생각한다면 통찰력은 점점 자랄 수밖에 없다.

6. 내 마음속 영화관을 만들어라

내 마음속 영화관의 주인은 나 자신이다. 나는 편한 의자에 앉아 스크린 속 주인공을 관찰하기만 하면 된다. 나는 주인공이 될 수도 있고 감독도 될 수 있으며 어떤 배역도 다 가능하다. 영화 속의 모든 상황은 현재 시제여야 한다. 영화 속 세부 사항들을 가급적 자세하게 오감으로 느껴야 한다. 예를 들어 빨간 스포츠카를 원한다면 차종, 색깔, 새 차 냄새, 엔진 소리, 운전 시 핸들의 촉각, 조수석에 앉은 사랑하는 사람의 행복한 표정 등을 가능한 한 자세하게 오감으로 느낌으로써 잠재의식이 실제라고 받아들여 믿게 되는 경험을 하게 하는 것이다. 맥스웰 몰츠 박사는 '성공의 법칙'에서 이것을 정신의 영화관 기법이라 부르고 성공의 본능을 일깨우는 힘찬 불꽃인 상상력을 이용하라고 하였다.

목표를 메모하라

성공한 사람들의 공통된 습관은 자신의 목표를 종이에 적는 것이다. 머릿속에 떠오르는 생각을 종이에 적는 단순한 행동만으로도 그 목표를 현실로 이루어내는 데 큰 도움을 받을 수 있다. 하지만 단 한 번 쓴 것만으로는 상황이 나아지지 않는다. 이러한 마음가짐은 잠재의식은 물론이고 습관에도 아무런 영향을 주지 못한다. 목표를 매일같이 확인하고 즉시 실천할 수 있는 행동들을 구체적으로 계획하면서 성공하고야 말겠다는 열망에 타오를 때 목표는 비로소 달성되며 성공할 수 있다.

미국의 예일대학교에서 졸업생을 대상으로 인생의 목표와 그것을 달성할 계획이 적힌 종이를 가지고 있는지 물었다. 그러자 단지 3%의 학생들만 '그렇다'고 답했다. 20년이 흐른 후 다시 당시 졸업생들의 삶을 추적하여 조사했더니, 목표와 계획이 적힌 종이를 갖고 있었던 3%가 나머지 97%보다 훨씬 더 충만하고 행복한 감정을 느끼면서 살고 있다는 사실을 발견하게 되었다. 더 놀라운 것은 재정적인 측면에서 3%의 재산이 나머지 97%의 재산을 합친 것보다 훨씬 많았다는 사실이다.

왜 이런 결과가 나왔다고 생각하는가? 목표와 계획을 기록한 사람과 그렇지 않은 사람의 차이가 이렇게 클 수 있을까? 도대체 기록이 무엇이기에 이러한 결과를 가져온 것일까? 앞에서 꿈을 적는 효과에 대해 이야기했었다. 목표를 적는 것도 이와 같은 효과를 내기 때문에 이처럼 차이가 난다고 할 수 있다. 목표를 적음으로써 머릿속을 맴돌던 목표가 더욱 뚜렷해지고 구체적으로 드러나는 효과가 있다. 그리고 이것이 잠재의식을 두드리면서 내면에 잠재된 에너지를 뿜어내는 효과를 가지게 한다.

인생의 목표와 계획을 적은 종이를 매일 볼 수 있게 휴대하고 다닌다는 것은 자칫 방황할 수 있는 시점에 꿈을 위해 가야 할 길을 정확히 알려 주는 역할을 한다. 간직하고 있는 메모를 볼 때마다 목표를 되새기고 선택의 기로에서 목표를 향해 나아가는 올바른 선택을 내릴 수 있는 것이다. 꿈을 이루면 부는 자연스럽게 따라온다는 말이 있듯이, 지금보다 나은 삶을 살겠다는 목표를 향해 나아간 학생들은 미래에 보다 나은 자산을 이뤄 낸 것이다.

목표와 계획을 기록하는 것은 마치 도로의 교통 법규와 같은 역할을 하여 느슨해지고자 하는 마음을 돌이켜 다시 목표를 향해 돌진하도록 하는 효과도 있다. 만약 교통 법규가 없다면 도로 위의 상황은 어떻게 되겠는가? 아마도 아수라장이 되고 말 것이다. 다행히 교통 법규가 있고 신호등이 있기에 도로 위의 수많은 자동차가 모두 질서정연하고 안전하게 달릴 수 있게 되는 것이다.

마찬가지로 기록된 목표와 계획이 있을 때 이것이 도로의 교통 법규와 신호등 역할을 하여 나를 흐트러뜨리지 않고 목표를 향해 질서정연하고 안전하게 달릴 수 있게 해 주는 것이다. 목표와 계획을 기록하는 것은 이와 같은 효과가 있다.

물론 목표를 종이에 적어놓기만 한 사람과 그것을 반복해서 보는 사람과는 엄청난 차이가 있다. 따라서 기록된 목표와 계획을 반복하여 봄으로써 잠재의식에 각인해 주는 것이 중요하다. 나아가 만약 목표를 이미지화하는 사람은 단순히 목표를 적는 사람보다 훨씬 큰 효과가 있다. 하지만 실질적으로 자신의 목표를 이미지화하고 그것을 잠재의식에 각인하는 사람은 3%는커녕 0.1%도 안 될 것이다.

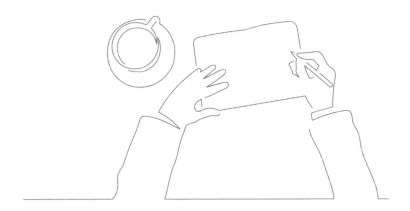

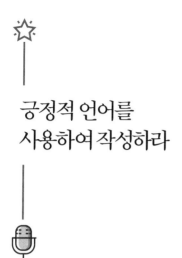

긍정적 언어를
사용하여 작성하라

목표를 기록하고자 결정했다면 목표 작성에 어떤 언어를 쓸지 고민해야 한다. 왜냐하면 목표를 작성할 때 긍정적 언어로 작성되면 마음 안에서 동기부여 의지가 일어나지만, 부정적 언어로 작성되면 마음 안에서 도리어 동기부여를 막는 역(逆) 에너지가 작동하기 때문이다. 마음속에 동기부여 의지가 일어나면 목표에 대한 열정으로 이어져 목표를 이루는 데 큰 도움을 받을 수 있다. 반면 부정적 언어로 구성된 목표들은 좀처럼 실현되지 않고 제자리걸음을 반복하게 된다.

긍정적 언어가 동기부여 의지를 만들어 내고 부정적 언어가 반대 의지를 만들어 내는 원리는 긍정적 언어가 긍정형 이미지를 만들어 내고 부정적 언어가 부정형 이미지를 만들어 내는 데 있다.

예를 들어 몸무게가 80kg인 사람이 10kg 감량을 원할 때 '10kg을 뺀다'는 목표는 부정적 언어에 해당한다. 이 부정적 언어로 만들어진 목표는 부정형 이미지를 만들어 내는데, 내 머릿속에 이미 80kg 나가는 사람의 이미지가 선명하게 박혀 있는 것이 그것이다. 이러한 부정형 이미지는 계속 살을 빼고 싶은 의지를 막아 목표를 이루는 데 오히려 방해요소로 작동하여 실패로 돌아가게 한다.

반면 '나는 올해 12월 31일까지 70kg이 된다'는 목표는 긍정적 언어에 해당한다. 이러한 긍정적 언어로 만들어진 목표는 긍정형 이미지를 만들어 내는데, 70kg의 내 모습을 이미지화 한 것이 그것이다. 이 긍정형 이미지는 내 잠재의식에 전달되어 동기부여 의지를 불태우게 하므로 목표를 달성하게 한다.

또 하나 예를 들면 '나는 언제까지 술을 끊는다'는 부정적 언어를 사용할 때 우리의 잠재의식은 술을 마시는 것과 관련된 강력한 부정적 이미지들로 가득해진다. 이러한 부정적 이미지들은 나의 동기부여를 가로막아 목표를 실패로 이끈다. 금주 결심을 '나는 *일부터 금주한다'와 같이 긍정적 언어로 바꿔 보자. 그러면 우리의 잠재의식은 금주가의 긍정형 이미지를 형성하게 된다. 술을 마시지 않고 항상 맑은 정신에서 차를 마시고 담소하며 재미있게 지내는 이미지를 만들어 낸다. 이러한 이미지가 잠재의식을 홀리게 하여 금주에 성공한 사람들을 내 의식으로 데리고 오게 하므로 목표를 성공으로 이끈다.

목표를 작성할 때 긍정적 언어를 만들어 내는 방법은 원하는 목표에만 초점을 맞추어야 한다는 점이 중요하다. 예를 들어 살을 빼고 싶은 사람은 목표 체중에만 초점을 맞추어야 한다. 80kg인 사람이 10kg을 빼고자 한다면 여기서 원하는 목표는 10kg을 빼는 것이 아니라 70kg이 되는 것이다. 따라서 무언가를 빼는 것이 아니라 체중이 목표에 이르도록 만드는 것이 긍정적 언어를 만들어 내는 방법이 된다. 또 언제까지 술을 끊으려 할 때도 원하는 목표는 술을 끊는 것이 아니라 금주한 나의 모습이 된다.

뭔가를 빼고 끊고 하는 언어들은 우리가 일상적으로 사용하는 언어들이지만 사실은 부정적 언어들이므로 목표를 이루게 하는 데 걸림돌로 작동하게 된다. 이런 언어들은 목표를 작성할 때 절대 사용해서는 안 된다. 반면 날씬한 몸매, 금주한 나의 모습 등은 긍정적 이미지들이다. 이런 긍정적 이미지와 관련된 단어를 사용하는 것이 긍정적 언어를 만들어 내는 비결이라 할 수 있다.

같은 의미라도 부정적 언어를 쓰면 부정적인 사람이 되기 쉽고, 긍정적 언어를 쓰면 긍정적인 사람으로 성장할 수 있다. 대체로 사람들은 습관적으로 부정적인 언어를 먼저 사용한다. 따라서 의식적으로 노력하는 마음이 없으면 자동으로 부정적인 언어를 사용하게 된다.

출근하는 상대방에게 "오늘도 늦어요?"라고 말하는 것과, "오늘 빨리 들어오나요?"라고 말하는 것은 같은 의미지만 전혀 다른 결과를 불러올 수 있다. 전자는 '늦는 틀'에서 상대방을 매일 늦게 들어오는 사람으로 만들지만, 후자는 '빨리 들어오는 틀'에서 상대방이 빨리 들어오지만, 가끔 늦는 사람으로 인식하게 하여 빨리 들어오게 노력하도록 만드는 효과를 내게 된다.

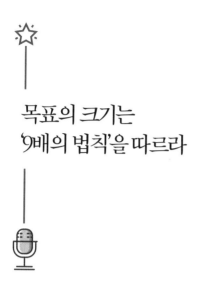

목표의 크기는
'9배의 법칙'을 따르라

목표의 크기는 꿈처럼 무한한 크기로 선정하기보다는 현실성 있게 실현 가능하도록 선정해야 한다. 목표가 현 상황에서 너무 비현실적이고 성취 불가능하면 결국 낙담만 안겨주게 된다. 그런 목표는 당신에게 동기를 부여하기는커녕 오히려 목표를 잊어버리게 만들기 십상이다. 예를 들어 '세계 빈곤 퇴치'가 목표라고 했을 때 당신이 엄청난 부자이거나 정치적으로 세계적인 리더가 되기 전에는 거의 영향을 미칠 수 없다. 또 다른 예로 당신이 현재 연봉이 3,000만 원인데 내년에 100

억 원을 받는다고 정하게 되면 로또에 당첨되기 전에는 거의 불가능하다.

이러한 것들은 성공 가능성이 전혀 없는 목표를 설정함으로써 스스로 실패의 길로 걸어 들어가는 예들이다. 이것은 커다란 목표를 설정하기 시작할 때 흔히 겪을 수 있는 위험들이다. 그러므로 이런 함정을 조심해야 한다. 이것은 열정과 흥분은커녕 오히려 낙담과 의욕 상실로 우리를 내몰 수 있다. 그렇다면 목표의 크기는 어느 정도로 설정해야 할까? 성공을 위한 목표의 크기와 관련된 다음과 같은 격언이 있다.

"작은 성공으로 내 하루를 물결치게 하라."

목표를 설정할 때는 일단 달성하기 쉬운 목표부터 시작해야 한다. 각자가 처한 여건에 따라 시야에 들어올 수 있는 한도 내에서 목표를 정해야 한다. 한 가지 목표가 이루어지고 자신감이 생기면 관성의 법칙처럼 다음 목표는 이루어지기 쉽기 때문이다.

또한 주의해야 할 점은 목표를 너무 낮게 잡으면 성장할 수 있는 비율이 상대적으로 떨어질 수 있다는 것이다. 예를 들어

10배 높은 목표를 잡게 되면 최소한 2배 정도는 달성할 수 있게 되는데, 2배의 목표를 잡으면 10%도 달성하기 어려울 수 있다.

　그러므로 목표의 크기를 설정할 때 '9배의 법칙'을 따르라 권하고 싶다. 9배의 법칙이 나온 배경은 인간의 의식과 관련 있다. 우리의 정신 능력 중 현재의식은 10%고 나머지 90%는 수면 아래 상태인 잠재의식이 차지한다. 잠재의식은 내가 끄집어낼 수 있는 대상이므로 현실적으로 내가 이룰 수 있는 상태보다 최대 9배까지 높여서 목표를 설정하면 좋을 것이다.

　이를 목표 성취를 위한 '9배의 법칙'이라고 정의하고자 한다. 물론 그 이상에서 목표가 달성될 수도 있지만, 목표의 최대 크기는 잠재의식이 움직여야만 달성되는 것이므로 잠재의식이 뇌의 의식에서 차지하는 비중만큼만 목표의 크기를 잡기 바란다.

　예를 들어 다이어트를 한다고 했을 때 현실적인 경험으로 미루어 보아 2kg 감량이 가능하다고 한다면, 목표는 18kg 감량까지 잡을 수 있다는 이야기다. 이 경우 내가 감량 목표를 5kg 정도로 잡으면 목표치가 너무 낮기 때문에 아마도 2kg 정도 감량하다가 결국 실패로 끝날 확률이 높지만, 감량 목표를 18kg까지 높여 잡으면 내 잠재의식까지 끄집어내어 아마도 5kg 이상의 감량 결과를 얻어낼 수 있을 것이다. 이것이 '9배의 법칙'이 가지는 목표 달성의 비결이다.

일본 최고 부자 중 한 사람인 야나이 다다시 유니클로 회장은 "사람은 안정을 추구하게 되면 성장이 멈추기 때문에 목표를 높게 설정하는 것이 무엇보다 중요하다. 도저히 불가능할 것 같은 목표도 치밀하게 계획을 세우고 실행의 보폭을 확인하고, 계속해서 수정해 나가다 보면 대부분 잘 풀린다"라고 자신의 성장 동력을 밝혔다. 처음의 목표가 달성되면 목표를 수정해서 다음 단계의 상향된 목표를 설정하고 이렇게 계속해서 나아가다 보면 최종 목표인 꿈을 이룰 수 있다는 것이다.

따라서 9배의 법칙에 따라 목표를 설정했다 하더라도 이에 따른 세부 계획을 세워 단계적으로 목표를 이뤄 나가는 것이 필요하다. 예를 들어 다이어트 18kg 감량 목표의 경우 2kg씩 9단계로 나눠 계획을 세운 후 세부 목표를 하나하나 이루어 나가다 보면 어느새 목표 지점에 도달해 있을 것이다.

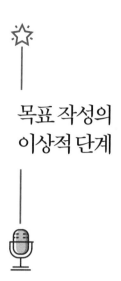

목표 작성의
이상적 단계

목표를 작성할 때 그냥 써 내려가기보다 다음 '3W'를 고려하여 작성하면 큰 도움을 얻을 수 있다.

첫째, 목표가 왜 필요한지 생각해 보아야 한다 Why.

목표란 지금 자신이 놓여 있는 상황에서 지금까지의 경험을 바탕으로 자신이 어떻게 되고 싶은지에 대한 미래상 등이 연결되어 존재하는 것이다. 이런 목표를 필요에 의해 가지게 되었든, 절실히 원해서 생겼든 간에 목표에는 그 이유가 분명하게 있어야 한다. 왜냐하면 이유를 명확히 인식하고 있을 때 망설임 없이 목표를 향해 힘차게 나아갈 수 있기 때문이다.

예를 들어 유명한 웹툰 작가(꿈)가 되고자 하는 청년이 있다. 그 청년은 학창시절 미술을 배워 만화를 잘 그릴 수 있다(지금까지의 경험과 자신이 놓여 있는 상황). 청년이 꿈꾸는 미래상은 기승전결이 탄탄하고 창의적인 소재를 갖춘 한 편의 영화 같은 웹툰을 창작하는 작가(미래상)다.

그렇다면 이 청년에게 현재 필요한 목표는 무엇일까? 이미 그림을 잘 그리는 청년에게 필요한 것은 탄탄한 시나리오를 구상하는 능력이다. 이러한 능력을 목표로 삼아, 시나리오 쓰기 강의를 듣거나, 탄탄한 시나리오들을 읽고 연구하고, 상상력을 넓히기 위해 다양한 일을 직접 시도해 보는 등 목표를 이루기 위한 여러 계획을 세울 수 있을 것이다. 즉, 어떤 목표가 필요한지를 찾으면 이 목표가 왜 필요한지가 명확해진다. 명확한 목표는 꿈을 이루게 하는 데 효과적이다.

둘째, 목표가 언제 필요할지 마감시간을 정해야 한다 When.

목표달성에 실패하는 많은 경우를 보면 마감시간을 정하지 않았기 때문임을 알게 된다. 마감시간이란 목표를 언제까지 달성하겠다는 표식이다. 많은 작가들의 목표는 글을 완성하는 것이다. 그런데 대부분의 작가들은 미적거리며 글을 써내지 못한다. 그러다 마감이 다가오면 신들린 듯 번개처럼 글을 완성해낸다. 이것이 바로 마감시간이 가지는 힘이다. 목표도 마찬가지다. 마감시간이 있는 목표와 마감시간이 없는 목표의 차이는 하늘과 땅 차이다.

한편 마감시간이 너무 길 때에는 또다시 나태에 빠질 수 있다. 이럴 때 목표에 대한 하위 목표를 정하여 단계를 나누는 것이 필요하다. 그리고 하위 목표에 대해서도 반드시 마감시간을 정해야 한다. 이때 하위 목표는 단계별로 달성 기간을 달리해서 정해야 한다. 기간은 우리 각자가 처해 있는 여건에 따라 정하면 되는데, 목표의 크기를 정할 때 '9배의 법칙'을 제안했듯이 1단계에서는 이 목표 달성이 가능한 최대의 기간을 잡는다. 1단계가 실현되면 관성의 법칙처럼 가속도가 붙게 되므로 2단계부터는 기간을 짧게 잡아도 된다.

셋째, 목표 달성을 위해 무엇을 준비해야 할지 생각해 보아야 한다 What.

그동안 우리가 알고 있는 목표 실현 방법으로는 메모나 이미지를 이용하였다. 그러나 여기에 녹음이라는 새로운 방법을 소개하려고 한다. 녹음이란 말처럼 나의 목표를 녹음 장치를 이용하여 녹음하는 것이다. 이렇게 녹음한 것을 실행하면 나는 다른 일을 하면서도 계속하여 목표를 인지할 수 있게 된다. 원하는 바가 녹음되어 실행되고 있으므로 동시에 나의 잠재의식이 활동하게 되어 이런 일이 가능하게 되는 것이다. 녹음에 대해서는 뒤에서 따로 자세하게 소개할 것이다.

목표를 세울 때 유의할 점은 유행을 따르거나 주위의 시선을 의식하지 말아야 한다는 것이다. 자신이 할 수 없는 일에 집착하지 말고 자신이 할 수 있는 일을 선택하여 집중하고 그 결과까지 책임질 수 있어야 한다. 목표를 크게 정하기보다 실현 가능한 목표를 적고, 그것을 꾸준하게 실천해 나가자. 목표를 세우고, 중요한 목표부터 하나씩 먼저 성취하는 습관을 가지다 보면 어느새 꿈을 이루는 성공의 길에 가까이 다가가 있을 것이다.

목표를 반복적으로 말하라

자기암시

목표의 기록을 완성했다면 이제 당신은 인생에서 훌륭한 일 하나를 한 셈이 된다. 그렇다고 안심해서는 안 된다. 수십 년 동안 목표를 작성하고도 여전히 목표를 달성하지 못하는 사람도 있기 때문이다. 그들은 왜 목표를 달성하지 못할까? 그것은 목표를 단지 기록으로만 머물러 있게 했기 때문이다. 기록한 목표는 아무리 훌륭해도 그냥 기록일 뿐이다. 목표를 기록했으면 다음으로 목표가 살아 움직이도록 해야 한다. 단지 글에 지나지 않은 목표를 어떻게 살아 움직이도록 할 수 있는 걸까?

기록한 목표를 살아 움직이도록 하는 방법 중 하나로 목표를 반복적으로 말하는 것이 있다. 말의 효과에 대해서는 이미 무수히 많은 이론이 있으므로 중언하지 않겠다. 말은 단지 뜻만 가지는 기록과 달리 뜻과 파동 에너지를 동시에 가진다. 말을 하는 순간 뜻을 가진 파동 에너지가 주변에 요동치게 된다. 다른 사람에게도 영향을 줄 뿐 아니라 자신에게도 돌아와 영향을 준다. 말의 파동 에너지는 스스로의 마음에도 영향을 주는데 이때 자기암시의 효과가 일어난다.

세계 제1위의 거부ਾ였던 빌 게이츠는 매일 집을 나서기 전 거울 속 자신의 눈을 똑바로 쳐다보면서 "오늘은 왠지 큰 행운이 나에게 있을 것 같다" 그리고 "나는 뭐든지 할 수 있어"라고 말했다고 한다. 이러한 자기암시가 오늘날 빌 게이츠를 만드는 데 큰 역할을 했다고 해도 과언이 아니다.

그렇다면 목표를 살아 움직이도록 하기 위해 해야 할 말들은 어떤 문장이 되어야 할까? 이것은 앞에서 언급한 빌 게이츠의 말에서 힌트를 얻을 수 있다. 되도록 짧은 한 문장이 좋다. 이 문장에 주어, 시간, 내용이 들어가야 한다. 이때 내용은 과거나 미래형이 아닌 현재 진행형으로 해야 한다. 예를 들어 "나는 이번 수요일까지 담배를 피우지 않고 있다"는 좋은 목표

문장이 될 수 있다. 이 문장을 시간 나는 대로 매일 되뇌다 보면 어느새 이것이 자기암시로 뇌에 각인되어 담배를 피우지 않고 있는 내 모습을 발견하게 될 것이다.

목표를 향해 나아가다 보면 수많은 작은 실수와 실패를 경험하게 된다. 이때 스스로를 비하하면서 위축될 수 있다. 하지만 이런 생각들이 들 때마다 일단 멈추고 긍정적 단어들로 무장하여 목표를 다시 외쳐야 한다. 이것은 부정적인 생각들이 없어질 때까지 계속해야 한다. 처음엔 안 될 것 같지만 이것을 실천하다 보면 어느새 부정적 마음은 사라지고 자신감이 차오르는 것을 느낄 수 있다.

운동선수들이 시합 전 구호를 외치며 결의를 다지는 것도 목표를 달성하겠다는 긍정적인 마인드를 갖기 위한 것이다. 처음에는 잘되지 않을 수 있으나 반복적으로 자기 훈련을 하다 보면 습관이 되고, 이 습관은 우리들의 인생을 멋지게 변화시켜 줄 것이다.

부정적인 생각을
부정하라

부정적인 생각을 하면 내 소원이 이루어지지 않는 것이 당연하다. 왜냐하면 부정적 에너지가 소원으로 나아가는 것을 가로막기 때문이다. 하지만 인간의 뇌는 부정적 생각을 하도록 설계되어 있다고 할 정도로 인간은 안 좋은 상황이 닥치면 곧바로 부정적 생각에 빠지는 경향이 있다. 도대체 이런 부정적 생각들을 어떻게 물리칠 수 있을까?

대개 부정적 생각들은 나를 둘러싼 나쁜 환경이나 상황, 다른 사람들과의 비교의식에서 싹튼다. 다른 사람의 행운이나 좋은 환경이 당신의 잠재의식 속에 부정적인 이미지를 심지 못하도록 해야 한다. 마이너스로 작용하는 부정적인 목소리를 없애고 마음에 그린 소망을 계속 자라게 만들기 위해서는 '노 테크닉 No Technic'이 필요하다. 노 테크닉이란 부정적인 목소리가 들려오면 곧 "아니, 그런 일은 절대로 일어나지 않아"라고 부정해 버리는 것이다. 진리는 언제나 단순 명쾌하고 간단하다.

극히 적은 사람만이 이 기술을 사용하고 있는데, 성공한 사람들은 모두 이를 사용하고 있다. 나쁜 일, 자신을 좌절시킬 것 같은 일이 떠오르면 즉시 "아니, 그렇지 않아!"라고 반복하여 외쳐라. 이것은 밭농사에 비유하면 잡초를 뽑아내는 것이다. 이 말에 의해 잡초는 뽑히고 부정적 생각은 간단히 날려 버릴 수 있게 될 것이다.

미국의 리처드 밴들러는 1970년대에 처음으로 생각에 대한 사고방식을 변화시키는 NLP(Neuro Lingustic Programming: 신경 언어 프로그래밍)이라는 프로그램을 발표하였다. NLP의 기본 전제는 단순히 새로운 생각을 하는 것이 아니라 생각의 방식을 완전히 변화시킴으로써 그동안 우리를 괴롭힌 모든 것을 우리를 돕는 쪽으로 탈바꿈시키는 시스템이다. 예컨대 나쁜 기억을 없애기 위해 나쁜 기억을 새로운 연상과 연결하는 것만으로도 나쁜 기억에서 탈출하는 것이 가능하다.

이때 새로운 연상에는 안 좋은 기억이 떠오를 때마다 기분 좋은 노래를 정해 그것을 흥얼거리거나, 기분 좋은 그림을 떠올리거나 그 기억을 오래된 흑백영화로 여기거나 슬픔 대신 웃고 있는 자신의 이미지를 떠올리는 것 등이 해당될 수 있다. 이 방법의 강점은 이렇게 하여 형성된 새로운 연상이 순간적이지 않고 계속하여 지속될 수 있다는 데 있다. 새로운 연상법으로 나쁜 기억을 이겨낸 경험은 이후로도 안 좋은 기억이 떠오를 때마다 새로운 연상법을 시도하게 함으로써 또 다른 나쁜 기억을 이겨낼 수 있게 해 준다.

성공을 믿는 사람만이 성공할 수 있다. 조금이라도 마음 한 구석에 부정적인 생각을 가지고 있다면 그 사람은 목표를 성취하는 데 어려움을 겪을 것이다. 만일 케이크에 극소량의 배설물이 들어 있다는 말을 들었다면 과연 케이크를 먹을 수 있겠는가? 마치 유리컵에 물이 담겨 있을 때 잉크 한 방울만 떨어뜨려도 유리컵 전체 물의 색깔이 변하는 것처럼 우리는 단 0.1%라도 부정적인 마음을 가지고 있으면 우리의 순수했던 성공 의지는 탁해지고 마는 것이다.

목표를 타인에게 알리는 것이 목표를 달성하기 위한 좋은 방법 중 하나라고 해서 타인에게 알렸더니 친척과 친구들이 그만두라고 아우성치고, '경험이 부족하다' '가진 게 없다' '위험부담이 크다' '경기가 나쁘다' 등등 다양한 이유로 우리의 결심을 방해하는 일을 경험하는 경우가 많다. 타인들의 부정적인 의견들은 당신에게 남아 있는 부정적인 생각의 미미한 불씨에 휘발유를 뿌린 것과 같아서 걷잡을 수 없이 불길을 치솟게 할 것이다.

따라서 목표를 정하였다면 그 목표를 다른 사람에게는 말하지 않는 것이 좋다. 당신의 목표를 다른 사람에게 이야기할 경우 힘을 북돋아주는 긍정적인 말보다는 흉을 보거나 시기질투하는 부정적인 마음을 내는 사람이 더 많을 수 있기 때문이다. 그런 부정적인 마음들은 당신이 하는 일을 방해하여 목표 달성을 어렵게 만든다. 반대로 상대가 긍정적인 사람이라면 당신의 목표를 공유하는 것이 더 좋다. 그 사람의 긍정적인 마음이 당신의 목표를 달성하는 데 도움으로 작용할 것이기 때문이다. 더불어 이것은 나에게 강제력으로 작용하여 목표를 더 열심히 실천하도록 만드는 힘도 작동한다.

우리는 타인이나 각종 정보지 등을 통하여 실패나 공포, 근심, 불안의 소리 등을 수없이 듣게 된다. 만약 이런 소리들의 노예가 되면 당신은 절대 불안과 걱정에서 벗어날 수 없다. 하지만 당신이 그것들을 보기는 하되 마음에 품지 않으면 잠재의식에 어떤 영향도 미칠 수 없음을 알아야 한다. 따라서 외부의 상황이나 다른 사람들의 말에 내 중심이 흔들리지 않도록 늘 유의해야 한다.

다른 사람들의 말, 생각, 반응에 굴하지 않고 자신의 목표를 고수한 예를 최근에도 찾아볼 수 있다. 월트 디즈니가 기획한 디즈니의 테마파크는 은행, 심의회 등에서 300번 넘게 투자를 거절당했었다. 그러나 디즈니는 굴하지 않고 결국 '디즈니랜드'를 실현시키며 세계인이 꼭 가보고 싶은 테마파크를 만들었다.

스티브 잡스는 서른 살 때 이사회와의 충돌 끝에 자신이 창립한 애플Apple 회사에서 쫓겨났으나 재기하여 애플에 다시 들어가 아이폰을 출시했다. 그는 스마트폰의 개념을 전 세계적으로 인식시킴으로써 아날로그에서 디지털로 시대를 전환시켰다.

오프라 윈프리는 '텔레비전에 맞지 않다'는 이유로 뉴스 진행자 자리에서 좌천된 적이 있었으나, 현재는 미국에서 가장 부유하고 영향력 있는 TV쇼 진행자로 성공하여 전 세계에서 가장 유명한 여성 중 한 명으로 꼽히고 있다.

비틀즈는 신인 시절 데카 레코드사의 오디션에서 음향이 별로고, 쇼 비즈니스 면에서 미래가 없다는 이유로 불합격하였으나 이를 극복하고 세계에서 가장 영향력 있는 밴드로 널리 인정받고 있다. 만약 이들이 다른 사람들의 부정적인 의견에 귀기울여 일찌감치 꿈을 포기하였더라면 잠재성을 확인할 기회를 영영 놓치게 되었을 것이다.

하버드대학교 사회심리학과 로젠탈 교수의 '피그말리온 효과'는 긍정적인 생각을 하면 그대로 이루어진다는 것을 주장하는 이론이다. 예를 들어 "너는 삶의 목표가 확실하구나? 성공하겠다!"라고 주위에서 당신에게 꾸준히 반복해서 이야기한다면 당신의 뇌는 즉각 성공할 사람이라고 말해 준 사람들의 기대치를 만족시키기 위해 반응하기 시작한다. 성공하기 위한 정보를 수집하게 되고 행동에 옮기므로 결국 성공에 이르게 된다.

반대로 미국 사회학자 하워드 S. 베커의 '낙인 이론'에 근거하는 '스티그마 효과 Stigma effect'는 주변에서 편견이나 부정적 인식을 가지고 있으면 그 영향으로 대상은 점점 더 나쁜 행동을 하게 된다는 이론이다. 부정적 인식을 받은 당신이 주변 인식을 더욱 강화하는 일이 생기므로 이런 결과를 낳는 것이다.

이제 목표를 이루기 위해 부정을 날려 버리고 긍정을 택해야 하는 이유를 알았을 것이다. 긍정 중에서도 초긍정의 방법이 있는데 그것은 마치 목표가 이루어진 것처럼 행동하는 것이다. 이것은 비상식적인 행동처럼 보일 수 있으나 이렇게 행동하다 보면 내 잠재의식이 발동하여 끌어당김의 법칙에 의해 내 목표에 맞는 기회와 행운이 다가와 목표를 달성하게 하는 데 큰 도움을 주게 되고 어느새 목표를 달성하게 되는 원리다.

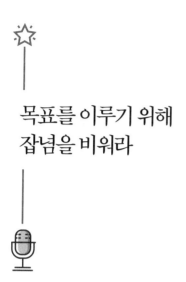

목표를 이루기 위해
잡념을 비워라

목표를 달성하는 과정은 마치 허들 경기와 비슷하다. 하나의 장애물을 넘고 나면 또 다른 장애물을 만나고… 이런 일이 부지기수不知其數로 일어난다. 때로는 일이 잘 풀리지 않을 때도 있다. 지금 가고 있는 길이 옳은 방향일지 의심이 들 때도 있고, 주위의 온갖 소음과 방해에 집중하지 못할 때도 있다. 이럴 때는 어떻게 위기에서 벗어나야 할까?

지금 일이 잘 풀리지 않는 것은 내가 마치 복잡하게 얽힌

실타래 같은 상태에 있기 때문에 나타나는 현상이다. 왜 복잡하게 얽힌 상태가 되었을까? 그것은 지금 내 머리가 너무 많은 생각으로 가득 차 있기 때문일 수 있다. 머리가 꽉 차 복잡하게 얽혀 있으니 일이 잘 풀리지 않는 것이 당연하다.

우리가 무엇인가를 채우기 위해서는 먼저 비우는 작업이 필요하다. 예를 들어 보통 사람들은 뭔가를 생각할 때 끙끙거리거나 골치 아파한다. 이때 뇌에서 열이 발산되므로 열감지 카메라로 촬영하면 벌겋게 나온다. 하지만 천재들의 두뇌를 촬영하면 결과는 반대로 나온다고 한다. 그들은 뭔가를 깊이 생각할 때 두뇌 에너지가 뚝 떨어지는데 천재들은 두뇌를 텅 비워놓고 외부에서 아이디어를 얻기 때문에 이런 일이 일어난다고 한다.

스티브 잡스는 비움의 철학을 누구보다 잘 활용하였는데 그는 세상을 바꾸는 혁신적인 제품을 만드는 과정에서 "무엇을 하지 않을지, 즉 비워야 할지 결정하는 것은 무엇을 할지 결정하는 것만큼 중요하다"고 말했다. 이처럼 생각과 마음을 비우는 것은 목표 달성의 필수 조건이다. 생각을 비우면 나에게는 오로지 선명한 목표만 남게 되므로 오로지 목표를 생각하며 나아갈 수 있게 된다.

진정으로 성공을 원한다면 내 성공을 방해하는 것을 하나씩 없애야 한다. 예를 들면 나는 특정 아이돌 그룹을 좋아하는 수험생인데 수능을 잘 보기 위해서는 당분간 그 아이돌 그룹 음악을 보지도 듣지도 않아야 한다. 혹은 온라인 게임이 너무 재미있어 매일 게임을 하고 싶지만, 다가오는 자격증 시험을 위해 합격할 때까지 게임을 그만두어야 한다. 이처럼 일상에서 우리의 꿈을 방해하는 요소들을 하나씩 제거해 보라. 그러면 그 빈자리에 우리의 목표를 이루기 위한 순수한 요소만 남게 되어 더욱 목표를 향해 정진할 수 있을 것이다.

과학자든 운동선수든 음악가든 최고의 영감을 발휘하는 순간에는 마음을 깨끗하게 비어서 번뇌가 사라지고, 차분해지는 상황이 온다고 말한다. 잡념을 비운다는 것은 몸과 마음을 가장 순수한 상태로 되돌린다는 것을 의미한다. 이처럼 마음의 잡념들을 모두 비우는 방법으로 명상이 가장 유력한 도구가 될 수 있다. 스티브 잡스, 빌 게이츠, 오프라 윈프리 등 성공한 수많은 사람이 명상을 해 온 것은 이런 이유에서다. 당신도 명상을 통해 마음의 잡념을 싹 지워 보기 바란다.

할 수 있다는 믿음이 있으면
목표는 반드시 이루어진다

프랑스 출신의 찰슨 블론딘이라는 곡예사가 있었다. 그는 전무후무한 기록을 가진 세계적인 곡예사였다. 1859년 6월에는 나이아가라 폭포 위에서 줄타기를 도전하였다. 찰슨 블론딘은 폭포 위를 위태롭게 가로지른 줄에 오르기 전에 모여든 군중들에게 이렇게 질문하였다.

"여러분 중 몇 명이나 이 줄을 타고 폭포 위를 건널 수 있다고 믿나요?"

사람들은 환호와 박수로 믿는다고 화답하였다. 찰슨 블론딘은 외발자전거를 타고, 죽마를 타고, 또 눈을 가린 채로 줄 위를 성공적으로 횡단하였다. 그리고 그는 또다시 군중들에게 질문하였다.

"제가 누군가를 등에 업고 저 폭포 위를 건널 수 있다고 믿으시나요?"

사람들은 너나 할 것 없이 믿는다고 환성을 질렀다. 찰슨 블론딘은 열광하는 군중들에게 다시 질문을 던졌다.

"그렇다면 누가 저를 믿고 제 등에 업히시겠습니까?"

그의 능력을 믿는다고 한 5,000명의 군중들은 하나같이 꿀 먹은 벙어리가 된 채 아무도 나서질 못했다. 그때 침묵을 깨고 찰스 블론딘의 등에 업혀 함께 폭포 위를 건너겠다는 사람이 나왔다. 그리고 그는 그 사람을 업고 폭포 위를 건너는 전무후무한 멋진 곡예를 펼쳤다. 줄에서 내려온 사람에게 어떻게 등에 업혀 폭포를 건너기로 결심할 수 있었냐고 물었다. 그러자 그 사람은 "그 곡예사는 저의 아버지입니다"라고 대답하였다. 아들은 아버지에 대한 절대적인 믿음이 있었기에 이런 일이 가능했던 것이다.

우리는 믿음과 바람의 차이를 구분해야 한다. 믿음은 미래의 일이 반드시 이루어진다고 믿는 것이고 바람은 이루어지면 좋겠다는 것이다. 우리는 목표가 이루어질 것이라는 바람이 아닌, 반드시 이루어진다는 믿음을 가져야 한다. 믿음만이 행동을 이끄는 힘을 나타내기 때문이다.

평범하지만 자신의 잠재력을 믿고 끝까지 밀고나가 비범한 일을 해낸 멋진 사람들이 우리와 다른 것은 무엇일까? 그들에게는 단지 '무엇이든 믿는 만큼 이루어진다'는 강렬한 믿음이 있었고 우리에게는 없었다는 차이뿐이다.

만일 당신이 즐거운 생각을 하면 당신은 즐거워질 것이다. 또 불행한 생각을 하면 불행해질 것이다. 무서운 생각을 하면 무서워질 것이고 실패를 생각하면 성공하지 못할 것이다. 이런 원리로 긍정하고 낙관하고 확신하면 꿈꾼 대로 이루어질 것이다. 만약 부정적이고 소극적인 생각이 떠오를 때는 그것을 즉각 긍정적이고 적극적인 생각으로 바꿔 버려라. 그때 긍정적이고 적극적인 생각의 빛이 부정적이고 소극적인 생각의 어둠을 완전히 지워 버릴 것이다. 아무리 캄캄한 어둠도 빛이 오면 사라지게 마련이다.

성공한 이들의 공통점을 살펴보면 이들은 모두 자신들이 성공할 수 있다는 믿음이 대단히 강한 사람들이다. 믿음은 사고방식을 바꾸는 힘이 있고 그들은 이러한 믿음에 의심이 없었기에 자신의 삶을 변화시킬 수 있었다.

그렇다면 이러한 믿음은 어떤 원리로 행동을 이끌어낼까? 사람은 누구나 자신이 가진 사고방식에 따라 생각하고 그것을 행동으로 옮기며 살아간다. 매사에 깔끔해야 한다는 사고방식을 가진 사람은 매사에 깔끔하게 행동하려 한다. 반대로 대충해도 된다는 사고방식을 가진 사람은 자신의 사고방식대로 대충 살아간다. 이처럼 한 사람의 사고방식은 그의 생각과 행동을 지배하며 현실을 파고드는 힘이 있다.

한 사람의 사고방식은 어릴 때부터 지금까지 그가 경험한 체험이나 학습을 통하여 받아들인 정보나 지식에 의해 만들어진다. 이때 단지 정보와 지식을 경험하거나 학습했다 하더라도 단순히 아는 수준으로는 나의 사고방식에 크게 영향을 주지 못한다. 나의 사고방식에 영향을 주는 단계는 아는 수준을 넘어 그 정보와 지식을 내 것으로 받아들인 상태가 되었을 때 확고히 자리잡게 된다. 이때 정보와 지식을 내 것으로 받아들인 상태란 곧 내가 그 정보와 지식을 믿는 수준에 도달한 상태를 뜻한다. 여기에서 우리는 믿음의 정의에 대해 접근할 수 있게 된다.

믿음이란 어떤 경험이나 현상에 대한 정보나 지식을 내 것으로 받아들인 상태다. 내 것으로 받아들이지 않은 것을 믿을 수는 없기 때문이다.

이상의 결과를 바탕으로 우리는 믿음의 본질에 대해 중요한 결론에 도달할 수 있게 된다. 나의 믿음이 내 사고방식을 결정하며 나의 사고방식은 내 행동을 좌우한다. 나의 행동은 내 현실의 결과를 만들어 내므로 결국 나의 믿음이 내 현실을 만들어 낸다는 결론에 도달할 수 있는 것이다. 꿈이 이루어진다는 것도 꿈이 이루어질 것이라는 믿음이 있기 때문에 꿈이 현실로 이루어진다는 뜻으로 해석할 수 있다.

이제 믿음이 성공적 행동을 만들어 내는 원리를 알게 되었는가? 그렇다면 이러한 믿음은 어떻게 가질 수 있을까? 운 좋은 사람들은 타인의 힘으로 자기 확신의 믿음을 갖게 되기도 한다. 아인슈타인과 스티븐 스필버그는 어린 시절 평범하지 않고 독특하여 심하면 문제아로도 여겨졌으나 부모는 그들을 전적으로 믿어 주었다고 한다. 결국 그들은 부모님의 믿음에 힘입어 강력하고 위대한 믿음의 힘을 발휘할 수 있었다. 이들은 부모의 절대적인 믿음과 애정을 느낄 때 변화할 수 있었고 자기가 가진 역량의 최대치를 발휘할 수 있었다.

믿음을 가지려 할 때 타인의 도움을 받는 경우도 있겠지만 결국 믿음은 이를 갖고자 하는 스스로의 몫으로 돌아온다. 타고난 사람도 있겠으나 후천적으로 믿음을 가지려 한다면 부단한 노력이 필요하다.

믿음은 다음과 같은 원리로 탄생한다. 먼저 한 사람의 마음에 새로운 믿음이 형성되기 위해서는 새로운 정보나 지식이 들어와야 한다. 그것이 타인을 통해서든 자신의 경험에 의해서든 사회적 환경에 의해서든. 이때 만약 새롭게 들어온 지식이나 정보가 내가 기존에 가지고 있던 것보다 못하다고 생각되었을 때 나는 그것을 받아들일 수 없다. 반대로 새롭게 들어온 지식이나 정보가 내가 기존에 가지고 있던 것보다 뛰어나다고 생각되었을 때 나는 그것을 받아들일 수가 있다. 이렇게 내가 가진 지식보다 더 나은 것을 받아들였을 때 기존의 내 믿음은 무너지고 새 믿음이 형성되는 것이다. 그리고 새 믿음은 나의 삶의 결과를 새롭게 바꾸어 나가기 시작할 것이다.

따라서 성공을 향한 믿음을 갖기 위해 양질의 강의와 독서를 권장한다. 수많은 성공자의 스토리와 노하우를 읽다 보면 어느새 내 마음에도 성공에 대한 믿음이 생길 수 있기 때문이다.

한 인간의 성공여부는 그 인간의 자의식이 모든 것을 결정한다고 한다. 미국에서 선생님이 파란 눈동자를 가진 학생이 검은 눈동자나 갈색 눈동자를 가진 학생보다도 공부를 잘한다고 하였더니 파란 눈동자를 가진 학생들의 성적이 향상됐다고 한다. 그런데 한 달 뒤 선생님이 잘못 전달하였다고 하며 검은 눈동자를 가진 학생들이 월등히 공부를 잘 한다고 하였더니 다시 검은 눈동자를 가진 학생의 성적이 향상되었다고 한다. 이는 자기가 자신을 어떻게 생각하는가가 중요하다고 말해 주고 있다. 할 수 있다는 믿음만 있으면 우리는 반드시 목표를 이룰 수 있다는 것을 명심하라.

목표가 설정되면 안개가 걷히고 우리는 에너지와 능력을 집중하여 한 방향으로 전진할 수 있게 된다. 또한 목표가 있다면 표적을 향해 날아가는 화살처럼 목적지가 어디인지를 알 수 있기에 꿈을 향해 집중하기가 훨씬 수월해진다. 구체화하지 못한 목표는 실패에 대한 두려움을 심어 줘서 앞으로 잘 나아가지 못하게 하지만, 구체화한 목표는 차가 빠르게 앞으로 달려 나가듯 꿈을 더욱 빠르게 성취할 수 있게 해 준다.

3단계

녹음

당신의 시간은 한정되어 있다.
다른 사람의 삶을 사느라 그 시간을 낭비하지 마라.

중요한 것은 당신의 마음과 직관을 따르는
용기를 내는 것이다.

◆

스티브 잡스

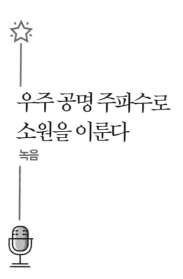

우주 공명 주파수로
소원을 이룬다

녹음

꿈과 목표가 정해지면 누구나 꿈을 이룰 것처럼 이야기하는 강의와 책들이 많지만 사실 꿈을 이루는 과정에서는 수많은 개인차가 존재한다. 꿈의 종류가 다르고 같은 종류라 하더라도 크기나 재능, 열정이 다른 경우가 허다하다. 만약 꿈의 크기가 그리 크지 않은데 재능이 있고 열정이 넘치는 사람이라면 크게 노력을 기울이지 않더라도 스스로 꿈을 이룰 수 있을 것이다. 반대로 꿈의 크기가 아주 큰 경우 재능과 열정이 있더라도 스스로 꿈을 이루기는 쉽지 않을 수 있다. 또 꿈의 크기가 작더라도 재능이 부족하거나 열정이 부족한 경우라면 특별한 도구를 쓰지 않는 한 꿈을 이루기가 쉽지 않을 수도 있다.

이 책을 쓰는 이유는 보다 더 많은 사람이 꿈을 이루는 데 도움을 주기 위함에 있다. 그러기 위해서는 개인차에 국한하지 않고 일반 사람이라도 따라하기만 하면 꿈을 이루는 데 큰 도움을 얻을 수 있는 도구가 필요하다. 그래서 고심 끝에 고안해 낸 것이 바로 '녹음'이다.

녹음이라 하면 단지 목소리를 녹음하는 것만을 떠올릴 텐데, 여기서 말하는 녹음은 그 이상의 의미를 가지는 녹음기술을 뜻한다. 일단 녹음은 무한 반복하여 재생시킬 수 있다. 그리고 녹음을 재생할 때는 말이 흘러나오는데 이때 흘러나오는 말에는 놀라운 과학적 원리가 숨어 있다.

정원수 충남대학교 국어교육과 교수는 말과 관련하여 깜짝 놀랄만한 논문을 발표했다. 인간의 말은 발성 기관에서 생기는 '소리'라는 양자와 생각에서 나오는 '의미'라는 양자가 서로 얽혀 나오는 것이라 주장한 것이다. 그의 주장이 놀라운 이유는 말의 구성요소를 양자 개념으로 이해한 최초의 주장이라는 데 있다.

물리학에서 양자란 에너지를 가지는 최소 덩어리를 뜻하는데, 양자역학에 의하면 양자는 입자와 파동 두 가지 성질을 동시에 가지는 것으로 관찰되었다. 예를 들어 원자 속의 전자는 입자의 성질과 파동의 성질을 동시에 가지고 있다(이것은 1801년 토머스 영의 이중슬릿실험에서 증명되었다).

그런데 소리 양자는 이미 에너지로 증명되었기에 이해되지만 의미 양자는 뜻만 가지는 것이므로 이것도 에너지를 가진다는 것이 쉽게 이해하기 어렵다는 것이다. 그러나 물질 에너지가 있다면 비물질 에너지도 있으므로 의미 양자를 비물질 에너지로 이해하면 어느 정도 받아들일 수도 있다. 마음, 지식, 감정 등과 같은 것은 비물질이지만 분명 에너지를 갖고 있다. 우리는 감정 에너지에 의해 엄청난 일들이 일어난다는 사실을 경험적으로 알고 있지 않은가.

정 교수의 주장은 여기서 그치지 않는다. 그는 사람의 말이 소리 양자와 의미 양자의 양자 얽힘에 의해 완성된다고 주장했다. 양자 얽힘 quantum entanglement 이란 짝을 이룬 두 양자는 아무리 멀리 떨어져 있더라도 즉각적으로 서로 영향을 미친다는 물리이론이다.

이러한 양자 얽힘은 2015년 네덜란드 물리학자 로널드 핸슨의 연구팀이 〈네이처〉지에 발표한 논문을 통해 과학적으로 증명되었다. 한 원자 내에서 전자가 발견될 확률적 분포 또는 공간을 오비탈 orbital 이라고 하는데, 한 오비탈에는 2개의 전자만 들어갈 수 있다. 이 전자들은 회전운동을 하고 있는데 이때 두 전자의 회전 방향은 서로 반대 방향이어야 한다. 만약 두 전자가 같은 방향으로 돈다면 두 전자는 같은 전하(++ 또는 --)를 띠게 되어 서로 밀어내므로 오비탈이 박살나는 일이 생길 수 있다. 그래서 한 오비탈의 두 전자는 항상 서로 반대 방향으로 회전운동을 하는 성질을 가진다.

이런 양자 얽힘 이론을 바탕으로 이것을 말소리에 적용해보자. 목에서 나오는 소리 양자와 마음에서 나오는 의미 양자가 서로 양자 얽힘의 관계라면 이 둘은 양자 얽힘에 의해 결합하여 즉각 말이라는 존재로 공기 중에 퍼져나갈 수 있다. 정교수는 이를 1차 양자 얽힘이라고 했다. 그렇다면 2차 양자 얽힘도 있다는 이야기인가?

정 교수가 주장하는 2차 양자 얽힘의 효과는 더욱 놀랍다. 1차 양자 얽힘에 의해 생성된 말 리듬파는 대기 중의 전자기파와 양자 얽힘으로 결합해 이번에는 빛의 속도(전자기파의 속도)로 우주로 날아간다는 것이다.

여기에서 우리는 우주의 존재에 대해 생각해 볼 필요가 있다. 우주는 우리가 과학시간에 배운 별과 행성으로만 이루어진 무한하게 텅 빈 공간일까? 그 크기가 얼마나 크냐 하면 빛의 속도로 가더라도 수백만 년이 걸리는 곳도 있다 하니, 이렇게 큰 우주는 왜 존재하는 것일까? 우리는 우주의 존재에 대한 추측을 지구로부터 어느 정도 유추해낼 수 있다.

지구는 물질과 비물질로 이루어져 있다. 물질은 당연히 우리 눈에 보이는 자연과 빛, 전자파처럼 보이지 않지만 입자나 파동이라고 여겨지는 모든 것들이다. 비물질은 지식, 감정, 마음, 영혼 등과 같은 것들이다. 과학이 아무리 부인하려 해도 비물질의 실체는 분명히 존재하며 사실상 지구를 움직이는 역할을 하고 있다. 그렇다면 우주에는 이런 비물질이 존재하지 않을까? 오직 물질만 존재하는 것일까?

이를 이해하기 위해 평행우주론에 대해 알 필요가 있다. 평행우주론은 "같은 모습을 가지고 같은 시간을 공유하는 수없이 많은 우주다. 어떤 우주(세계)에서 분기하여 그에 병행해 존재하는 또 다른 우주(세계)를 의미하며, 자신이 살고 있는 세계가 아닌 평행선상에 위치한 다른 세계다"로 정의되고 있다.

이러한 평행우주론에 의하면 현재 우리가 속한 우주와 같은 모습을 가지고 같은 시간을 공유하는 우주가 평행선상 어딘가에 또 있다는 결론을 얻을 수 있다. 그뿐만 아니라 어떤 우주에서 분기하여 또 다른 평행우주가 만들어진다는 것이다.

물론 이것은 아직 이론이긴 하지만 만약 이 이론이 참이라고 가정하면 이제 우리가 하는 '말'이 우주까지 날아간다는 정교수의 2차 양자 얽힘 현상은 어느 정도 이해될 수 있다. 우리와 함께 하는 평행우주로 우리의 말이 날아가 계속하여 같은 모습을 유지할 수 있는 것이다. 즉, 우리 세계와 평행우주는 양자 얽힘으로 서로 연결되어 있는 것이다.

이제 이러한 지식을 바탕으로 다시 녹음 이야기로 돌아와 보자. 자신의 꿈이나 목표, 소원을 녹음한 후 재생하면 말은 고유의 주파수가 생성되어 소리 파동의 형태로 공기 중에 퍼져 나가며 또 양자 파동의 형태로 빛과 같은 속도로 우주에 퍼져 나가게 된다. 이때 주파수가 만들어 내는 진동이 공명 현상을 일으키기도 한다. 공명 현상이란 모든 물체마다 고유한 진동수가 있는데 어떤 물체의 고유 진동수와 같은 진동수를 가진 물체가 주기적으로 영향을 줘서 진폭이 크게 증가하는 현상이다.

1940년 미국의 타코마 다리는 풍속 70m/s까지 견딜 수 있도록 설계되어 있었는데 풍속 20m/s의 바람에 갑자기 무너져 내렸다. 이해할 수 없는 현상이지만 전문가들은 다리가 붕괴된 이유가 공명 현상 때문이라고 결론지었다. 즉, 풍속 20m/s의 바람에 다리가 흔들리면서 바람과 다리의 고유 진동수가 일치하며 공명 현상을 일으켜서 다리가 무너져 내렸다는 것이다. 공명 현상은 이처럼 놀라운 에너지를 폭발시키는 힘을 가지고 있다.

우리들 주변뿐만 아니라 우주에는 다양한 형태의 무수한 주파수들이 날아다니고 있다. 당연히 평행우주에도 여러 주파수가 날아다니고 있을 것이다. 이들 주파수에는 우리들의 소원과 일치하여 공명을 일으키는 결맞음 주파수도 있고, 소원 내용과 무관한 결어긋남 주파수도 있다.

만약 녹음에서 나간 말과 일치하는 결맞음 주파수를 만나게 되면 소원 주파수와 공명을 일으켜서 양자 얽힘에 의해서 우주 에너지가 우리에게 전달된다. 이때 우리 몸과 잠재의식은 공명 주파수를 받아들이는 수신 안테나 역할을 하게 된다.

우주의 결맞음 주파수는 잠재의식에 엄청난 에너지를 불러일으킴으로써 나의 행동에 열정을 불어넣고 이로써 소원을 이루어지게 한다.

《시크릿》저자 론다 번은 '끌어당김의 법칙'을 설명하면서 긍정적인 생각을 할수록 긍정적인 일들을 우리 삶 속에 불러일으킬 수 있고, 우주에 모든 답이 있어서 우리가 필요할 때 가져다 사용할 수 있다고 했는데 사실 이것의 과학적 원리가 바로 공명 주파수에 있었던 것이다.

1950년대 교토대학교 영장류 연구소 연구진이 고지마의 한 무인도에 사는 원숭이들의 삶을 장기간 관찰했다. 고지마 원숭이들의 주된 식량은 흙 묻은 고구마였다.

어느 날 한 원숭이가 고구마를 들고 해변으로 나가 바닷물에 씻어 먹었는데 3~4년 지나자 대부분의 원숭이가 고구마를 바닷물에 씻어 먹게 되었다. 오랜 시간이 지난 후 놀라운 사실을 또 하나 발견했다. 고지마의 무인도와 인접한 섬들의 원숭이들도 고구마를 바닷물에 씻어 먹고 있는 것이었다. 그동안 고지마 원숭이들은 그 섬에서 단 한 마리도 빠져나가지 않았고, 바닷물에 씻어 먹으면 더 맛있다는 사실을 다른 섬의 원숭이들에게 알리지도 않았는데 어떻게 이런 일이 일어날 수 있었을까?

미국의 학자 라이얼 왓슨은 일정 수 이상의 개체가 새로운 것을 받아들여 태도를 바꾸게 되면, 이는 물리적인 전파 없이도 마치 공기 속에서 파동이 퍼져 나가듯 모든 구성원에게 영향을 미친다는 가설을 세웠는데, 이를 '100마리째 원숭이 효과'라고 일컫는다.

이는 역시 공명 주파수 이론으로도 이해할 수 있다. 고지마 원숭이들이 고구마를 씻어 맛있게 먹는 행위가 파동의 형태로 평행우주에 전파되었고, 고구마를 좀 더 맛있게 먹고자 하던 다른 원숭이들의 간절한 바람이 끌어당김의 법칙처럼 평행우주와 양자 얽힘으로 작동하여 공명 주파수를 불러일으킴으로써 우주로부터 고구마를 씻어 먹는 정보를 얻게 된 것이다.

이러한 양자 얽힘 이론에서 녹음이 중요한 이유는 무엇일까? 녹음은 끊임없이 반복해서 내 소원을 말로 쏟아낸다. 이것이 양자 얽힘에 의해 평행우주에 전달됨으로써 내 소원을 이루는 우주 공명 주파수를 불러들일 수 있다. 이 엄청난 에너지로 나는 소원을 이룰 수 있는 것이다. 녹음이 가지는 놀라운 힘은 비단 이뿐만이 아니다. 그것은 바로 우리의 무한한 잠재의식과도 관련되어 있다.

파동의 신비와
잠재의식의 관계

양자역학이 과학에 던져 준 가장 큰 충격파는 빛이 입자일 수도 있다는 점과 전자가 파동일 수도 있다는 점일 것이다. 기존의 물리학에서 빛은 파동이어야 하고 전자는 입자여야 한다. 이 때문에 20세기 최고의 천재 과학자로 불리던 아인슈타인마저 양자역학에 반기를 들기도 했었다.

그러나 관찰자 효과라는 실험에 의해 빛과 전자 같은 것들이 입자와 파동의 성질을 동시에 갖고 있다는 사실이 발견되었다. 관찰자 효과란 예를 들어 전자를 관측할 때는 입자로 관측되다가 관측하지 않으면 입자가 아닌 파동의 형태를 띤다는 것을 말한다. 과학과 철학을 결합한다면 이 사실을 논리적으로 설명할 수 있다. 관측할 때는 입자던 것이 왜 관측을 멈추면 파동으로 돌아갈까? 이때 관측한다는 것은 내가 의식할 수 있는 상태에 있다는 것을 뜻한다. 즉, 현재의식이 작동하는 것이다. 반면 관측을 멈춘다는 것은 내가 의식하지 못하는 상태에 있다는 것을 뜻한다. 즉, 이것은 잠재의식과 관계된다.

이것을 정리하면 관측하는 상태는 내 현재의식이 작동하여 입자로 인식하지만 관측하지 않는 상태는 내 잠재의식이 작동하여 파동으로 인식하게 된다고 볼 수 있다.

입자적 삶과 파동적 삶 중 어느 것이 우리 삶의 본질에 더 가까울까? 입자란 물질적 세계를 상징하며 이것은 무겁고 힘들며 둔감하다. 반면 파동이란 비물질적 세계를 상징하며 이것은 가볍고 스마트하며 섬세한 성질을 가진다. 즉, 파동적 삶이 우리 삶의 본질에 더 가까우며 이때 우리는 놀라운 힘을 발휘할 수 있고 행복에 더 다가갈 수 있다.

입자적 삶은 현재의식과 관계되어 있으며 파동적 삶은 잠재의식과 관계되어 있다. 이런 기준으로 볼 때 우리는 이제 잠재의식에 관심을 가져야 한다. 잠재의식을 깨울 때 우리는 무거운 입자적 삶에서 가벼운 파동적 삶으로 돌아갈 수 있기 때문이다. 그렇다면 잠재의식이란 무엇일까?

잠재의식이란 무엇인가
현재의식과 잠재의식의 비교

　잠재의식은 심리학의 용어로 의식과 무의식 사이의 어떤 영역을 말한다. 그런 점에서 잠재의식은 무의식과 구별된다. 무의식이 우주라면 우주에 떠 있는 별들을 잠재의식이라 비유할 수 있겠다. 이러한 잠재의식은 무한한 능력을 가지고 있으며 의식의 영역을 지배한다.

　잠재의식이 무한한 능력을 보여주는 이유가 무엇일까? 잠재의식은 모든 인간의 내면에 자리한 신적인 의식이며 그 신성이 인간을 통해 드러난 것이 잠재능력이라고 보기 때문이다. 신성은 나에게 지금 어떤 것이 필요한지, 무엇을 해야 가장 행복할지 등 내면의 욕구를 다 알고 있을 뿐 아니라 그 모든 소망을 충족시킬 보물창고와 같은 것이라 할 수 있다.

잠재의식은 낮이고 밤이고 언제나 깨어 있으며 인간이 알 수 없는 방법으로 무한한 지성들과 교신하고 있다. 잠재의식이 무한한 지성들과 교신하는 방법은 음파가 라디오로 수신되는 것과 매우 흡사하다. 사람의 음성은 방송국에서 몇 백만 배나 되는 주파수로 변조되어 전파된 후 지구의 전리층에서 반사되어 라디오로 수신되면 원래의 진동으로 변조하여 마침내 귀로 들을 수 있다. 마찬가지로 잠재의식도 각인된 우리들의 목표를 무한한 지성들이 수신할 수 있는 주파수로 변조시키는 매체로 작동한다.

또한 잠재의식은 우리의 목표를 무한한 지성들에게 전하는 동시에 그 회답을 우리에게 전달해 주기도 한다. 이때 작용하는 것이 이른바 끌어당김의 법칙이다.

잠재의식은 자율신경의 통합적 중추로서 생명 유지에도 중요한 역할을 하고 있다. 잠재의식의 활동을 우리가 직접 확인해 보기 위한 간단한 방법은 다음과 같다.

1) 레몬을 반으로 잘라서 먹고 있다고 생각만 해도 우리는 신맛의 느낌 때문에 침을 흘리게 된다.

2) 잠들기 바로 직전, 다음 날 몇 시에 일어난다고 생각하고 잠에 들면 그 시각에 일어나게 된다.

3) 의사에게 처방받은 비타민을 감기약이라 믿고 먹고 나면 감기가 낫는 경우가 있는데 이를 '플라시보 효과'라고 한다.

이와 같이 잠재의식은 현실과 상상을 구분하지 못하고 실제라고 받아들여 믿는 대로 반응을 보이는 현상들에 관여한다. 잠재의식은 우리가 믿는 것에 대하여 이것을 실제라고 받아들여 반응을 보이는 특성 때문에 상상력을 활용해서 무한대의 잠재능력을 발휘할 수도 있다. 그 방법을 바로 활용한다면 성공, 사람, 행복, 부, 자유 등을 포함한 모든 인생의 목표를 수월하게 달성해 갈 수 있을 것이다.

이러한 잠재의식에 우리의 꿈과 목표를 효과적으로 주입하면 우리에게 잠재된 무한한 보물창고를 열 수 있다. 자신의 내면에 숨겨진 잠재의식의 보물을 찾아내어 그 영감과 지혜를 끌어내는 방법을 배우면 우리의 삶은 부유하고 건강하고 행복하고 기쁘게 될 것이며 우리의 꿈도 이루어질 것이다.

잠재의식의 특징을 나열해 보면 다음과 같다.

- 광대한 기억의 창고다.

- 사물을 논리적으로 분석하여 판단하지 않고, 비판 없이 받아들인다.

- 영성, 직관, 깨달음, 초능력의 세계를 위한 에너지원이다.

- 시공간을 초월한다.

- 긍정적 정보를 저장하는 곳이다.

- 부정적인 언어를 해독하거나 직접 처리하지 못한다.

- 뇌의 간뇌에 해당하는 자율신경계의 작용을 관장한다.

- 현재의식의 명령에 따르는 하인 역할을 한다.

- 습관의 영향을 크게 받는다.

- 현실과 상상을 구분하지 못한다.

- 현재의식에 무심하다.

- 말, 생각 및 감정에 영향을 받는다.

- 비상사태에 직면하면 초능력을 동원한다.

- 자기암시의 영향을 받는다.

- 전제 조건 없이 지시에 따른다.

- 모든 지각을 통제하고 유지한다.

- 본능을 유지하고 습관을 만든다

- 모든 것을 개인적으로 받아들인다.

우리의 뇌는 좌뇌와 우뇌로 나누어져 있다. 좌뇌는 말을 하거나 계산하는 식의 논리적인 기능을 담당하며, 우뇌는 음악을 듣거나 그림을 보거나 어떤 이미지를 떠올리는 등의 감성적 기능을 하면서 직관적인 판단에 의한 문제해결을 담당하고 있다.

한편 우리의 뇌를 좌뇌, 우뇌 및 간뇌로도 구분할 수도 있는데, 이때 좌뇌 및 우뇌는 단기기억 및 현재의식을, 간뇌는 장기기억 및 잠재의식을 담당하고 있다. 인간의 잠재능력을 최대한 끌어내기 위해서는 단기기억인 현재의식과 장기기억인 잠재의식과의 관계를 이해하는 것이 중요하다. 두 의식은 서로 다른 기능을 하고 있으면서도 서로 긴밀하게 협력해서 일한다. 현재의식과 잠재의식의 특성을 비교해 보면 다음과 같다.

	현재의식	잠재의식
크기	뇌의 10%	뇌의 90% 부분
주요 소통 수단	단어	이미지, 느낌, 감정
관점	객관적	주관적
판단 기준	이성적, 분석적	감정적, 경험적
시간 개념	과거, 현재, 미래	현재
기능 수행	내가 알게 수행	내가 모르는 사이 수행
노력 여부	노력해서 함	노력 없이 아주 쉽게 함
긴장 여부	긴장 상태에서 함	긴장 이완 상태에서 함
동시 의식	한 번에 한 가지 생각	동시에 수백만 가지 생각
제어력	잠재의식을 이끌어 감	현재의식의 명령에 순종적
뇌 구조	좌뇌, 우뇌	간뇌

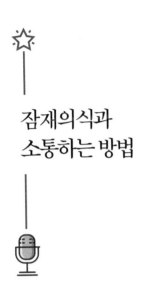

잠재의식과
소통하는 방법

　잠재의식의 중요성을 이해했다면 이제 잠재의식과 소통하는 방법에 대해 알아보자.

　앞에서 잠재의식과 현재의식의 비교에서 본 것처럼 잠재의식은 철저히 현재의식의 명령에 따라 움직이는 특징이 있다. 이때 잠재의식은 컴퓨터의 운영체계처럼 우리 몸과 정신에 생명을 불어넣는 신비의 프로그램 역할을 한다. 컴퓨터의 전원을 켜면 운영체계를 이용해서 프로그램을 사용할 수 있듯이 잠재의식에 현재의식의 명령을 주입하면 마치 미사일처럼 목표를 향해서 전진하게 된다. 잠재의식은 목표 지향적이라서 연중무휴로 주입된 목표를 향해 돌진하기 때문에 어떤 인공지능도 견줄 수 없다.

잠재의식에 당신의 소원이 담긴 녹음 내용이 일단 주입되어 각인되면 잠재의식은 당신이 어떤 다른 노력과는 무관하게 단 1초도 게으름을 피우지 않으면서 주입된 정보대로 움직이기 시작한다. 잠재의식이 일단 당신의 꿈이나 목표를 의식의 명령으로 받아들이고 나면 모든 말과 행동을 그러한 목표에 일치하는 패턴으로 바꿔 나가기 시작한다.

먼저 잠재의식은 당신의 목표를 성취하는 데 도움이 될 만한 사람들과 상황들을 당신의 삶 속으로 당기기 시작한다. 이런 방식으로 우리가 거의 아무런 일을 하지 않고 있을 때에도 놀랍고도 예기치 않은 방식으로 목표가 실현되어 나간다. 이때 잠재의식이 목표의 실현 방법을 다 알고 있기에 목표를 실현할 방법을 걱정할 필요가 없다.

단지 예기치 못한 순간에 필요한 방법이 나타나게 되므로 항상 기대하고 있으면 된다. 오히려 목표를 이루기 위한 방법과 수단에 대하여 미리 걱정하는 것이 전지전능한 잠재의식에 대한 불신의 표명이기 때문에 효과가 없어질 수 있으므로 조심해야 한다. 전지전능한 잠재의식의 힘을 굳게 믿고 기대하는 마음으로 소망이 성취된 광경을 구체적으로 상상하기만 하면 된다.

목표의 실현을 기다리는 동안 순조롭지 못한 일이 발생하더라도 조금도 걱정할 것이 없다. 기대한 대로 되지 않는 것은 나중에 뒤돌아보면 본질적인 문제가 아니거나 혹은 더 좋은 수단이 기다리고 있기 때문이라는 걸 알게 될 것이기 때문이다.

잠재의식은 모든 것을 다 알기 때문에 현재의식이 모르는 방법을 동원할 경우 현재의식이 잘못되어 간다고 판단하게 된다. 예를 들어 택시를 타고 어떤 목적지에 갈 때 택시는 잠재의식이고 승객인 당신은 현재의식이 된다. 현재의식이 목표만 정하고 그것을 택시 운전사에게 말하면, 즉 목적을 선명하게 마음속으로 그리고 그것을 잠재의식에 보내면 택시는 어떤 길을 선택하든 어떠한 수를 써서라도 승객인 당신을 목적지까지 데려다 준다. 다시 말해 자동제어장치처럼 목표를 향해 움직이므로 당신의 목표를 반드시 실현해 주는 것이다. 도중에 도로 공사로 우회할 수밖에 없을 때 승객인 당신은 성급하게 택시에서 내려서는 안 된다. 택시 운전사에게 목적지를 확실히 전달했다면 그 뒷일을 일일이 걱정할 필요가 없기 때문이다.

　잠재의식은 같은 상황에 대해서 이미 프로그램으로 각인된 경험이나 생각이 존재한다면, 이것을 변경하기 전까지는 새롭게 주어지는 경험이나 생각에 대하여 빗장을 단단히 걸어 잠그고 받아들이기를 거부한다. 그럼에도 불구하고 우리의 현재의식이 새로운 경험과 생각을 무차별로 받아들인다면, 우리는 하루에도 수없이 마음을 바꿔야 하는 갈팡질팡 상태를 보일 수밖에 없을 것이다. 이 경우 현재의식이 새로운 경험과 생각을 잠재의식에 지속적으로 주입하여 잠재의식의 것으로 각인되어야만 평화를 찾을 수 있다.

　예를 들어 어린 시절 흡연이 또래 아이들과 어울리는 구실이 되고, 호기심을 충족해 주며, 어른이 된 것 같은 만족감을 주는 등의 좋은 것으로 잠재의식에 입력되어 있는 상태다. 그런데 성인이 된 후에 현재의식에서 금연을 시도하면 잠재의식은 이를 받아들이지 않으므로 목적한 바를 이루기 어렵다. 다시 말해 잠재의식에 들어가서 이전에 입력된 프로그램을 지우고, 새로운 경험이나 생각을 새롭게 프로그램으로 입력하기 전까지는 성공하지 못한다는 이야기다.

따라서 공포, 질투, 증오, 원망, 탐욕, 미신, 분노 같은 부정적인 생각들을 버리고 당신의 목표에 대한 정보를 계속 주어야만 잠재의식은 목표를 받아들이게 된다. 이러한 이유 때문에 우리는 매 순간 우리의 목표를 잠재의식에 반복하여 주입하는 것이 필요한데, 이때 무한반복으로 잠재의식에 목표를 주입할 수 있는 최선의 방법이 바로 녹음이다.

이루고자 하는 목표를 녹음하여 잠재의식이 항상 들을 수 있도록 환경을 제공해 준다면, 잠재의식은 녹음된 목표를 입력하고 반복하여 새김으로써 기존에 입력된 부정적인 생각들을 떨쳐내고 목표를 향해 나아갈 수 있도록 스스로를 증진시키는 것이다.

잠재의식을 제대로
발휘하는 방법

    우리는 잠재의식을 활용하여 꿈과 목표를 이루는 방법에 대해 이야기하고 있다. 어떤 사람들은 손쉽게 인생의 목표를 이루어 나가는 것처럼 보이는데 왜 유독 나는 그렇지 못한가 하며 고민하는 사람도 많다. 지금까지 꿈과 목표를 이루기 위한 수많은 방법이 제시되었고 이들 방법으로 성공을 실현한 사례들을 주변에서 접할 수 있기도 하다. 이 때 대다수 성공한 사람들이 공통적으로 잠재의식을 활용하였다는 것이 밝혀지고 있다. 이들이 성공할 수 있었던 비결은 잠재의식의 활용으로 우리 안의 무한한 잠재능력을 끌어냈기에 가능했던 것이다.

《잠재의식의 힘》의 저자인 조셉 머피는 잠재의식을 제대로 작동시켜 힘을 발휘하기 위해서는 다음 6가지 원칙을 지키는 것이 중요하다고 했다.

1. 절대로 부끄러워해서는 안 된다

마음속에 갖고 있는 세속적인 소원을 자신의 이성이 경멸할 때가 있다. '건물주가 되어 돈이 늘 많았으면 좋겠다'라든가 '스타가 되어 모든 사람들이 내 이름을 알았으면 좋겠다' 등 많은 사람이 이런 소원을 품고 있지만, 한편으로 마음 한구석에서는 '그런 세속적인 소원을 갖는 것은 저급하다'거나 '가능성이 희박한 꿈을 꾸는 것은 부끄러운 일이다'라고 속삭이는 소리가 들려와 당황하며 이런 생각들을 지워 버리기도 한다. 이럴 경우 잠재의식은 작동하지 않게 된다. 실제로 이런 소원을 달성한 사람들은 의외로 유치하다고 말할 수 있는 성격의 소유자가 많다.

2. 긍정적인 말을 하라

긍정적이든 부정적이든 그 사람이 언제나 생각하고 있는 것은 잠재의식으로 각인된다. 좋은 것을 생각하면 좋은 일이 일어나고, 나쁜 것을 생각하면 나쁜 일이 일어난다는 말처럼 당신이 비극적 인생을 바라지 않는다면 가능한 긍정적으로 생각해야 하는 것은 당연하다.

3. 현재 진행형으로 말하라

잠재의식에 나의 꿈을 각인할 때 '나는 부자가 되고 있다'와 같이 현재 진행형이 가장 좋다. 왜냐하면 내가 바라는 것은 꿈이 실현된 현재이지 언젠가 실현될 미래가 아니기 때문이다.

4. 좋은 것을 상상하라

좋은 상상을 하는 것은 잠재의식에 바라는 이미지를 입력하는 행위다. 그런데 상상이라는 것에는 감정까지 포함되어 있다. 불안이나 걱정은 어두운 상상의 산물이다. 가능한 한 밝은 상상을 함으로써 마음을 평안하게 해야 전진할 힘이 생기며 잠재의식도 긍정적으로 받아들인다.

5. 반복하라

잠재의식에 자신의 소원을 각인하기 위해서는 계속하여 반복하는 것이 중요하다. 반복하지 않으면 자신도 알 수 없는 사이에 부정적으로 돌아설 염려가 있기 때문이다. 우리의 생각은 끊임없이 바뀌고 있으며 하루에도 오만가지 생각을 한다고 하지 않는가. 따라서 간절한 소원이 있다면 그것을 몇 번이고 되풀이할 필요가 있다.

6. 일인칭으로 선언하라

잠재의식에 꿈을 각인할 때 삼인칭으로 누가 원하고 있다는 식은 좋지 않다. 또 너무 일반적인 소원은 지나치게 추상적이어서 잠재의식에는 곤란하다. 남을 위해서 무언가를 원할 때도 자신이 원하고 있다는 형태를 취하지 않으면 안 된다. 어디까지나 주체는 나 자신이어야 한다.

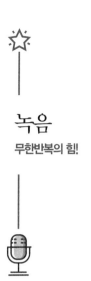

녹음
무한반복의 힘!

　잠재의식에 꿈과 목표를 각인하는 방법으로 이미지와 메모 및 말 등의 도구를 사용할 수 있다. 이러한 것들을 반복하면 잠재의식이 현실로 인식하여 우리로 하여금 행동하도록 만드는 확실한 방법이 될 수 있다. 이미지와 메모, 말 등을 반복하면 우리의 오감, 즉 시각, 청각, 후각, 미각, 촉각을 통해 마음에 암시나 자극을 주게 되는데 이때 일종의 최면 효과가 나타나 잠재의식을 자극하는 효과적인 수단이 될 수 있다. 잠재의식은 비옥한 밭과 같아서 긍정적인 자기암시가 주어지면 잠재의식은 당신이 원하는 꿈을 가꾸어 발전시키게 된다.

성공한 모습을 반복적으로 이미지화하면 잠재의식이 인지하게 되어 꿈과 목표를 이룰 수 있게 하는 힘을 방출하게 된다. 우리의 뇌는 글로 생각하는 것이 아니라 이미지로 생각한다.

따라서 목표를 글로 쓰되 눈에 보일 듯 손에 잡힐 듯 생생하게 이미지로 상상하는 것이 중요하다. 이미지화를 반복하면 잠재의식은 자신의 에너지, 집중력, 기억능력, 직관력, 창조력 등을 최대한으로 넓혀 준다. 이미지에 이와 같은 엄청난 힘이 있다는 사실을 발견하게 되면서, 현대는 이미지를 주제로 연구하는 이미지 심리학이 발전하고 있다.

잠재의식이 이미지를 받아들이게 하려면 목표를 이룬 명확한 모습을 마음속 그림에 자주 되풀이하여야 하고, 원하는 목표를 마음속에 선명하고 명확하게 볼 수 있도록 하여야 한다. 하지만 가장 중요한 점은 시각적 이미지에 얼마나 강한 감정을 느끼고 절실히 원하느냐는 것이다. 이 강도에 따라 목표의 실현을 당길 수 있느냐 아니냐가 결정된다.

말은 끊임없이 목표를 선언함으로써 잠재의식이 받아들이

게 하는 자기암시의 방법 중 하나다. 하지만 쉬지 않고 말을 반복하면서 목표를 선언하기란 거의 불가능하다. 예를 들어 잠을 자는 동안에는 말을 할 수 없다. 하지만 녹음한 후 재생하여 목표를 지속해서 대신 말하게 하면 365일 24시간 잠재의식에 목표를 주입할 수 있게 된다. 이처럼 녹음은 이미지나 메모와는 달리 목표가 실현될 때까지 끊임없이 말하고 듣게 함으로써 잠재의식에 주입하는 자기암시 효과를 주는 장점이 있다.

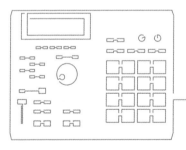

녹음은 엄청난 노력을
대신해준다

　　한때 꿈을 이루는 방법이나 성공원리를 담은 자기계발서가
불티나게 팔려나간 적이 있다. 물론 이러한 성공원리에 의해
꿈을 이루거나 성공의 반열에 오른 사람도 제법 있다. 하지만
어느 순간부터 자기계발서에 시들해진 까닭은 무엇일까? 그
것은 이후의 자기계발서가 책으로서 가치는 있지만, 실제로
적용하기 어렵다는 불만이 나타나면서 시작되었다. 자기계발
서에 쓰인 대로 따라했는데 꿈을 이루지 못했다거나 성공하
지 못했다는 사람들도 나타났다. 자기계발서는 그 책을 쓴 사

람만 성공하게 해줄 뿐 독자들은 들러리밖에 되지 않는다는 냉소적인 조소도 이어졌다.

　시중의 자기계발서들을 살펴보면 겉모습은 조금씩 달라 보이나 그 본질적인 내용의 흐름은 거의 비슷해 보인다. 꿈을 성취하기 위한 과정에서 목표의 중요성은 아무리 강조해도 지나치지 않을 것이다. 목표의 실현을 위해서는 세부 계획을 짜고 이것을 매일 행동으로 옮기려는 노력이 필요하다. 자기계발서들은 꿈, 목표, 세부 계획 및 행동, 노력이 꿈을 실현하기 위해 반드시 필요한 수순으로 받아들여지고 있다.

　그러나 실질적으로 많은 사람이 이러한 과정을 따라할 때 세부 계획까지는 잘 만들 수는 있었으나, 실행 부분에서 미흡하여 꿈을 이루지 못하거나 시간이 오래 걸리기도 했던 부분을 볼 수 있다. 이런 결과가 나타나는 이유는 목표의 실현을 위해 혼신을 다해 노력한다는 게 결코 쉬운 일이 아니기 때문이다.

　이에 비하여 녹음 방식은 어떠한가? 목표를 녹음한 후 반복 재생하여 잠재의식이 목표를 받아들이는 순간부터는 잠재의식이 세부 계획을 정하고 진두지휘하므로 우리는 단지 목표가 실현된다는 마음만 가지고 행동하면 된다. 다시 말해 세부 계획까지 반드시 작성할 필요가 없는 것이다. 세부 계획을 짜지 않으므로 계획을 지키기 위한 실천에 대한 스트레스도 받을 필요가 없다. 일상생활 속에서 목표를 항상 노심초사 기억하면서 살 필요가 없으며 단지 녹음된 목표가 실현될 때까지 기다리기만 하면 되는 것이다. 이것은 우리가 기도할 때 소원만 간절히 바랄 뿐이지 기도를 위한 세부 계획까지 기도하지 않는 것과 마찬가지 원리다.

녹음된 목표는 끊임없는 반복재생을 통해서 목표를 잠재의식에 각인시킴으로써 잠재의식의 발현으로 목표를 실현할 수 있게 해 준다. 이것은 마치 전쟁터에 투입된 로봇이 입력된 프로그램 덕분에 수명이 다할 때까지 승리를 위해 싸우는 것과 같은 원리다.

녹음을 통해 목표를
반복적으로 잠재의식에 주입하라

우리는 목표를 세우고 이를 달성하기 위해 많은 금전적, 시
간적 투자를 한다. 그러나 좀처럼 원하는 성과를 내지 못하거
나, 일시적으로 성과를 내더라도, 곧 다시 이전 상태로 돌아가
는 경험을 하곤 한다. 이와 같은 현상은 현재의식 수준에서는
목표를 받아들였으나 잠재의식은 목표를 받아들이지 않았기
때문에 나타나는 현상이다. 비유하자면 표면의식의 제안서에
잠재의식이 아직 결재하지 않은 것과 같은 상황이라고 보면
된다.

수많은 사람이 강의나 책을 통해서 목표를 성취하기 위해 노력한다. 하지만 그 순간에는 동기부여가 되어 열정이 넘치더라도 시간이 흐르면 열정이 식게 되는데 그 이유 중 하나로, 시간의 흐름에 따른 기억의 감소를 들 수 있다. 시간의 흐름에 따른 망각의 정도를 표시한 에빙하우스의 망각곡선에 따르면 인간은 기억에 대해 첫 이틀 동안 66%를, 1개월이 지나면 79%를 망각해 버리고, 나머지 21%는 오랫동안 잊지 않고 기억할 수 있다고 한다.

망각률을 낮추고 기억을 처음 수준으로 유지하기 위해서는 반복 학습을 통해서 기억을 정착하는 길밖에 없다. 반복 학습을 통해서만 현재의식 속 기억을 잠재의식이 받아들일 수 있도록 하는 것이다. 짧은 기억은 의식의 표면에 백묵白墨으로 쓴 글씨처럼 선명하게 쓰이지만, 장기기억은 뇌의 중심부인 해마에 새겨지고 골수에 새겨지며 유전자에 사슬로 기록되기에 이른다.

잠재의식이 목표를 받아들이려면 반복 학습의 효과처럼 목표를 적은 메모나 이미지를 잠재의식이 받아들일 때까지 간절한 마음으로 끊임없이 잠재의식에 주입해야 한다. 이 방법들은 잠재의식이 목표를 인지하기까지 큰 노력이 필요하다. 혹시라도 잠재의식이 인지하기 전 중간에 쉬거나 중단하게 되면 다시 원위치로 돌아오게 되는 문제가 있다. 이러한 이유로 정말 혼신을 다해 노력하지 않는 한, 아무나 쉽게 목표를 실현할 수 없는 결과가 나타나는 것이다. 이것이 바로 흔히 말하는《시크릿》에 나오는 긍정적 생각, 확언, 상상 등의 노력이 모두에게 성공적인 결과를 가져다 주지 못하는 원인이기도 하다.

현실적으로 누가 원하는 바를 수시로 천 번, 만 번 되풀이하여 말할 수 있겠는가? 누가 천일기도를 하며 기도만을 지속할 수 있겠는가? 그러나 같은 노력이라도 서울에서 부산까지 자기 발로 걸어가야 한다면 그것은 바보의 노력일 뿐이다. KTX를 타고 빠르게 도착한 뒤 더 효율적인 다음 목표를 수행하는 것이 훨씬 현명한 노력이다. 이런 가운데 인간의 한계를 극복하는 성취의 도구가 있다. 바로 녹음이며 재생이다.

녹음의 반복재생은 반복 학습처럼 계속해서 잠재의식에 목표를 각인하여 현실과 잠재의식을 연결해 주는 가교역할을 한다. 이렇게 하여 잠재의식이 결국은 목표를 받아들이게 한다. 일단 녹음의 반복재생을 실행했다면 성공을 향해가는 도중에 현실에서 발생하는 걸림돌에 연연할 필요가 없다. 녹음이 목표가 이루어질 때까지 365일 24시간 반복재생함으로써 잠재의식에 지속적으로 각인시켜 줄 것이기 때문이다. 따라서 꿈은 반드시 이루어진다는 믿음으로 마음의 여유를 가지고 잠재의식이 알려주는 대로 행동하기만 하면 된다.

인디언 속담에 "2만 번 이상 말하면 그것은 현실이 된다"라는 말이 있다. 반복이 무의식으로 각인되어 일이 그 방향으로 흘러가기 때문에 실제로 이런 결과가 나타난다. 우리가 지금 듣거나 한 말은 모두 의미를 담은 파동이다. 그 파동 에너지는 뇌의 단기기억 장치로 임시 저장된 후, 장기기억으로 갈지 아니면 잊어버릴지가 정해진다.

하지만 무심코 내뱉은 말이라도 반복하여 습관이 되면 장기기억으로 넘어가 잠재의식에 각인된다. 성공 방정식을 세운 미국의 유명한 작가이자 대통령 고문관이었던 나폴레온 힐은 "어떠한 생각을 되풀이하여 명심하면 그것이 잠재의식에 아로새겨지고, 일단 이 상태에 도달하면 잠재의식의 신비로운 위력에 의하여 원하는 방향으로 기적이 일어난다"라고 하였다.

세뇌된다는 말도 있듯 되풀이하여 반복된 기억은 그것이 거짓이든 진실이든 결국 그 사람의 신념이 되어 버린다. 거듭

거짓말을 되풀이하다 보면 언젠가는 그것이 진실처럼 생각되는 경우가 흔히 발생한다. 사람이란 마음속 깊은 곳에 자기가 그리고 있는 이상형의 사람이 되어 가는 법이다. 우리를 조정하고 움직이는 것은 우리가 가지고 있는 잠재의식에 각인된 신념이다.

그러나 이러한 신념도 더 나은 새로운 신념에 의해 바뀔 수 있으며 이러한 반복은 계속될 수 있다. 이 원리로 녹음의 무한 반복을 통하여 목표가 한 번 이루어지는 경험을 하면 녹음의 힘을 믿는 신념을 갖게 될 수 있다. 이 신념이 잠재의식에 각인되어 계속하여 새로운 목표를 연이어 이룰 수 있게 도와준다.

잠재의식은 주어지는 암시를 일단 전부 받아들이기는 하나 몇십 번이고 되풀이하지 않으면 그 암시에 따라 움직이지 않는다. 옛사람들이 뼛속까지라고 한 것은 사실 잠재의식을 말하는 것이라 볼 수 있다. 뼛속 깊이, 즉 잠재의식에 각인되기 전에는 잠재능력이 동하지 않는다. 사람들은 되풀이되는 일을 안일하게 생각하고 싫증을 냄으로써 잠재능력 가동의 기회를 놓치곤 하는데, 녹음을 통한 반복재생은 우리가 무의식 중에도 잠재의식에 목표를 지속해서 각인시키는 커다란 장점이 있다.

그렇다면 잠재의식에 자기암시를 각인할 수 있는 최적의 방법은 무엇일까? 마음의 간섭파가 최소한도로 줄어든 수면 상태나 명상 상태에서 자기암시를 받아들이는 방법이 매우 효과적일 수 있다. 수면 상태는 베타파의 파장이 안정되어 알파파의 상태로 정렬되므로 잠재의식이 깨어나는 지점으로 우리를 데려다줄 수 있다. 그러나 수면 상태에서 자기암시를 받아들일 수 있는 사람은 없다. 그런 점에서 녹음에 의한 반복재생은 수면 상태에서도 자기암시로 목표를 주입할 수 있기 때문에 잠재의식에 목표를 각인하는 데 좋은 방법이 될 수 있다. 명상 상태는 알파파를 넘어선 세타파의 영역에 이르므로 잠재의식의 주 무대라고 볼 수 있다. 이 상태에서는 반복의 파장이 더욱 쉽고 빠르게 새겨지고 작동하게 된다.

우리가 녹음을 통해서 목표를 잠재의식에 각인시키는 주된 목적은 잠재능력을 발현하기 위함에 있다. 잠재능력이란 자기 안에 숨겨진 엄청난 능력으로서, 잠재능력은 잠재 차원의 질료를 가지고 현실 차원에서 구현시키는 무제한의 위력을 가지고 있다. 잠재능력은 목표를 향한 욕망, 오감을 통한 감각과 무의식적인 경험 및 나와 다른 사람과의 조화를 통해 구동되고 가속되며 폭발력을 갖는다.

목표란 나만 열심히 행동한다고 해서 반드시 이루어지는 것이 아니다. 나의 노력에 주변의 도움이 합해질 때 비로소 이루어지는 법이다. 이 때문에 잠재의식과 잠재능력의 도움 없이 하는 노력은 성공할 확률이 매우 낮은 것이다. 잠재의식이 전투기, 함선, 함포라면 표면의식은 깃발, 보병 부대다. 깃발과 보병만 가지고 승리하기를 바란다는 것은 요원한 일일 것이다. 깃발은 가리키고 보병은 돌격한다. 그리고 막강한 전투기와 함선, 함포가 방해물을 궤멸시켜 전쟁을 승리로 이끌게 된다. 그 순간 사령관인 당신은 성취의 샴페인을 터뜨리게 되는 것이다.

긍정적 목표를 세우고 기한을 설정해서 녹음한 후 반복재생하면 잠재의식이 작동하므로 기회 요소들이 갑자기 사방에서 나타나게 된다. 잠재의식의 작동은 심지어 우리의 행동거지, 태도, 말투까지 바꿔놓게 한다. 그리고 몸매와 얼굴, 표정까지 바뀌는 사례도 드물지 않다. 녹음의 반복재생을 통해서 잠재의식에 심은 이상적 자아상이 놀랍게도 발현하기 시작하므로 이런 결과가 나타나게 되는 것이다.

녹음을 통한 꿈 성취법은 최근에 세상에 나온 것이기에 아직 이를 믿기 어려운 사람들이 많을 것이다. 하지만 필자는 이미 녹음 강의를 통하여 수많은 사람이 변화하고 자신의 꿈을 이루는 모습을 옆에서 생생히 지켜보았고, 지금도 수많은 경험자가 생겨나는 것을 보고 있어 녹음의 능력에 대한 확고한 믿음이 있다. 만약 여러분도 필자와 같은 확신을 가질 수 있다면 녹음을 통하여 놀라운 경험을 하게 될 것이다. 여기에서 중요한 것은 누가 뭐라고 말해도 녹음의 힘에 대한 확신이 흔들리지 말아야 한다는 점이다.

꿈을 이루기 위한 면밀한 목표를 세웠다면 실행 준비가 되지 않았어도 상관 말고 즉시 녹음부터 행동으로 옮겨 보라. 목표 추진 과정에 일시적인 실패가 발생했더라도 이것은 단순히 일시적인 것이며 하나의 과정에 불과하다. 녹음은 목표의 일시적인 실행 실패와 관계없이 목표를 지속해서 잠재의식에 각인하고 있다는 점을 늘 기억하고 있어야 한다. 잠재의식이 목표를 잃지 않고 움직이는 한 일시적인 실패와 관계없이 그 목표는 달성될 수밖에 없다. 그런 점에서 녹음을 시작한다면, 당신은 반드시 성공을 이루어낼 것이다.

사랑, 믿음, 감사의 마음을 가지고 녹음하라

여기에서는 녹음을 시작하기 전에 우리가 가져야 할 3가지 마음가짐을 이야기하려고 한다. 바로 사랑, 믿음, 감사다.

1. 사랑 – 자신을 사랑하라

원하는 것을 얻고 싶다면 당신에게 그럴 자격이 있다고 믿는 게 우선이다. 자신을 사랑하고 자신감을 가지면 실제로 이루어질 수 있다. 자신을 '실패한 인간'으로 생각하는 사람은 아무리 좋은 의도나 강한 의지를 가지고 있다 하더라도, 그리고 설사 기회가 주어진다 하더라도 실패할 가능성이 높다. 또 자신을 부당한 희생자라고 여겨 '항상 고통당한다'고 생각하는 사람은 반드시 그러한 상황에 직면하게 된다. 그러니 가장 먼저 자신을 사랑하라. 당신은 자기 자신에게 사랑받을 자격이 있다.

대부분 사람은 자신을 과소평가하거나 업신여기고 있다는 것이 심리학자들의 공통된 의견이다. 실제로 우월감 콤플렉스 같은 것은 없다. 우월감을 지닌 것처럼 보이는 사람들도 실제로는 열등감 때문에 괴로워한다. 그들의 우월감은 자신이 가지고 있는 열등감이나 불안한 감정을 감추기 위한 은폐물인 경우가 많다. 열등감과 우월감은 동전의 양면과도 같다.

해결책은 동전 자체가 가짜라는 사실을 깨닫는 것이다. 진실은 이것이다. 우리는 '열등'하지 않다. 우리는 '우월'하지도 않다. 우리는 그저 '자기 자신'일 뿐이고 그런 자신을 사랑할 뿐이다. 그래서 사랑하는 것이고 그럼에도 불구하고 사랑하는 것이다.

2. 믿음 – 꿈은 반드시 이루어진다고 믿어라

미국의 유명 영화배우 출신으로 캘리포니아 주지사의 자리에까지 오른 아놀드 슈왈제너거는 '꿈이 이뤄진다는 믿음이 자신의 소망을 이루는 열쇠'라고 말하였다. 그는 어린 시절부터 원하면 뭐든 가질 수 있다고 믿었고 단 한 번도 그것을 의심한 적이 없다고 하였으며, 이와 같은 믿음이 꿈을 실현할 수 있었던 원동력이 되었다고 했다. 우리는 향후 성공 비결이 무엇이었냐고 물으면 이렇게 대답할 수 있어야 한다.

"난 꿈을 가졌고, 그 꿈이 결국엔 이루어질 것이라고 믿었을 뿐입니다."

녹음을 한 후 꿈은 반드시 이루어진다는 당연한 믿음을 가지고 있다면 당신은 어떤 꿈도 이룰 수 있다.

3. 감사 – 감사하는 마음을 가져라

녹음을 하면서 항상 감사하는 마음을 가져야 한다. 마쓰시타 전기의 창업자 마쓰시타 고노스케는 일찍이 감사의 힘을 간파하면서 "감옥과 수도원의 공통점은 세상과 고립되어 있다는 점이다. 다른 게 있다면 불평하느냐 감사하느냐의 차이뿐이다. 감사하면 감옥이라도 수도원이 될 수 있다"라고 했다.

서양 속담에 이런 말이 있다. "행복은 언제나 감사의 문으로 들어와서 불평의 문으로 나간다. 조심하라! 불평의 문으로 행복이 새어 나간다."

기억하라! 감사의 문으로 행복이 들어온다. 이것이 감사의 힘이다. 감사는 희망의 언어다. 부정적 감정에 휩싸여 있더라도 감사하는 순간 부정적 에너지는 물러간다. 감사하기를 생활화하면 모든 일이 잘 풀린다. 우리는 녹음을 통해 우리의 목표가 이루어진다는 것에 대해서 항상 감사의 마음을 가져야 한다. 감사하는 마음을 가짐으로써 우리 안에 목표가 이루어지고 있음을 실감하게 된다. 감사하는 것은 목표가 구동되는 엔진에 휘발유를 붓는 것과 같은 효과를 가진다.

이 3가지 마음가짐이 준비되었다면 이제 긍정적이고 신념에 찬 목소리로 녹음을 시작해 보자.

올바른 녹음 방법
ANSWER의 법칙

이제 실제로 어떻게 녹음해야 하는지 그 방법에 대해 이야기해 보자.

다음 3가지 목표가 있다. 어떤 문장으로 녹음해야 이루어질까?

첫 번째, "나는 2023년 부자가 되었다."
두 번째, "나는 2023년 부자다."
세 번째, "나는 2023년 부자가 될 것이다."

이상 세 문장은 모두 똑같이 부자가 되기 위한 목표로서 단지 시제의 차이만 있을 뿐이다. 첫 번째 문장은 과거형, 두 번째 문장은 현재형, 세 번째 문장은 미래형으로 적었다. 첫 번째 문장은 미래 시점에서 이미 부자가 되었다는 의미로 잠재의식은 이미 부자가 되었다고 생각하기 때문에 작동하지 않게 된다. 세 번째 문장은 부자가 될 것이라는 희망이기 때문에 부자가 될 수도 있고 안 될 수도 있는 한계에 빠진다. 두 번째 문장은 현재형이긴 하지만 앞에 2023년 자체가 미래형이기에 애매하다.

잠재의식은 미래 시점에서도 현재 진행형에만 작동하는 특징이 있다. 이 때문에 두 번째 문장은 "나는 2023년 현재 부자가 된다"라고 녹음을 해야 정확하게 잠재의식이 반응할 수 있게 된다.

이처럼 녹음의 문장을 만드는 것은 간단치 않다. 현재 진행형으로 만드는 것뿐 아니라 여러 가지 고려해야 할 사항이 많다. 녹음 문장을 만들고자 할 때 다음 6가지 요소가 반드시 들어가야 한다. 이것을 영문 첫 글자를 따서 ANSWER의 법칙이라 부른다.

1. Author (주체)

꿈과 목표는 이기적일 정도로 자신을 위한 것이어야 한다. 모든 목표를 "나는…" 또는 "나 홍길동은…"으로 시작해서 이런저런 동사가 뒤따라오는 식으로 녹음해야 한다. 당신은 전 우주에서 당신 자신에 관해 "나는…"이라는 단어를 사용할 수 있는 유일한 사람이다.

"나는…"이라는 단어로 시작하는 명령을 받으면 잠재의식은 그 즉시 활동을 시작해서 목표를 실현시킨다. 이것이 녹음을 "나는…" 또는 "나 홍길동은…"으로 시작해야 하는 이유다. 남을 위한 것은 아무리 가족이라도 별 효과가 없다. "남편이 1억 원을 번다"가 아니라 "나는 1억 원을 번다"라고 녹음해야 한다.

2. Need, Now (원하는 것을, 현재형으로)

원하는 것을 명확하게 표현해야 한다. 부자가 되고 싶은 게 꿈이라고 하더라도 "나는 부자가 된다"라고 두루뭉술하게 말하지 않고 "나는 100억을 가지고 있다"라든지 "나는 20억짜리 집에서 살고 있다" 등 자신이 원하는 것을 구체적으로 녹음해야 한다. "나는 5kg을 뺀다"라고 표현하면 잠재의식은 내가 살을 빼야 하는 상황을 있는 그대로 받아들일 뿐이라서 계속 빼야 하는 상황으로 만들어 놓는다. 그러므로 바로 원하는 것을 긍정의 말로 표현해야 한다. 즉, "나는 2020년 5월에 50kg의 건강한 몸이다"로 표현하는 것이다. 원하는 것을 분명하게 표현하지 않으면 달성될 목표의 기준이 경우에 따라서 바뀔 수 있고, 이루어지면 좋겠지만 안 이루어져도 할 수 없다는 희망을 내포하여서 잠재의식이 명확하게 작동하지 않게 된다.

성공철학의 거장 나폴레온 힐은 부자가 되고 싶다는 소망을 달성하기 위한 여섯 가지 원칙 중 하나에서 "당신은 이미 그 돈을 가졌다고 생각하여 그렇게 믿어버리는 것이 중요하다"고 하였다. 다시 말해 녹음의 문장은 지금 그 상태에 있다는 현재형으로 녹음해야 한다. "나는 2023년에 100억을 가지고 있다"라고 녹음하는 것이다.

3. Sure (당연)

녹음을 잠재의식에 제대로 각인하려면 소원이 당연히 이루어진다는 확신에 찬 말이어야 한다. 추호도 부정적인 생각이나 의심을 갖지 않고 녹음 내용이 당연히 실현된다는 믿음을 가져야 한다. 자신감과 당당함으로 무장하여 우주는 내가 요구하는 것을 당연히 이루어준다고 생각하고 나를 사랑하고 무엇이든 원하는 것을 주는 우주의 무한함에 기쁨과 감사함으로 녹음에 임해야 한다. 예를 들면 다음과 같다.

"나는 2021년 로키산맥에서 휴가를 즐긴다."

"나는 2022년 월 임대수익 천만 원을 받는 건물주다."

4. Within (기한)

최종 기한은 생각을 행동으로 바꾸는 스위치다. 최종 기한은 현실적으로 목표를 달성 가능할 수 있도록 정해야 한다. 기한을 정하기 전까지는 아무 일도 일어나지 않으며 목표는 그저 목표일 뿐이다. 최종 기한을 정하면 목표에 추진력이 생긴다. 최종 기한이 없는 목표나 결정은 한낱 탁상공론에 불과하고 과녁도 없이 허공에 쏘는 화살과 같다.

목표가 그 기간 내 어떻게 이루어질지 도저히 가늠되지 않더라도 기한을 정해서 녹음해야 한다. 우리는 잠재의식과 우주가 어떤 시간 속에서 어떤 방법으로 그것을 눈앞에 펼쳐 놓을지 알 수 없다. 즉시 일어나기도 하는 게 우주의 신비다.

"나는 언제까지 ~한다"라고 녹음해야 한다. 예를 들면 "나는 2020년 말까지 일 매출이 100만 원을 넘고 있다"라고 녹음한다.

5. Everything (모든 것)

녹음해 놓으면 내가 그것을 이루는 방향으로 자연스럽게 행동이 일어나게 되어 있으므로 원하는 모든 것을 녹음해라. 그리고 자연의 순리에 맡기면서 필요한 모든 것을 하고 있으면 된다. 무언가를 억지로 하려 하지 말고 흐름에 맡기고 나는 그냥 해야 하는 것을 하고 있는 것이다. 소원도 품을수록 더 다채로워진다. 지금 가진 소원, 그 밖의 또 어떤 아름다운 꿈이 있을까?

6. Record (녹음)

녹음할 때는 한 번에 하나의 소원만 녹음해야 한다. 명확한 하나의 생각에 해당하는 주파수가 우주 에너지와 공명을 이루어 명확히 이루어지게 하기 위해서다. 예를 들어 지금 가진 소원이 열 개라고 하더라도 하나의 소원을 한 문장으로 간결하게 녹음해서 반복재생하고, 또 다른 내용의 소원은 또 녹음해서 반복재생하는 식으로 열 개의 녹음을 각각 반복재생해 놓는 것이다. "난 몸매도 좋고 돈도 많이 버는 미남이다"와 같은 두 가지 소원이 한 문장에 들어가는 것은 곤란하다.

ANSWER 법칙에 따른 녹음 방법을 요약하자면, '나'라는 주체가 '원하는 것'을 당연하게 '기한'까지 '현재의 긍정표현'으로 '한다'고 녹음하면 된다.

방법1	나는	언제	무엇을	한다.
	주체	기한	소원	현재

방법2	나는	언제	무엇	이다.
	주체	기한	소원	현재

다음과 같이 구체적인 녹음 방법의 예를 적어 본다. 긴 문장보다는 짧은 한 개의 문장으로 된 메시지를 녹음하는 것이 좋다.

1) 부자가 되고 싶을 때

나는 2022년 12월 통장에 1억 원 현금을 가지고 있다.

나는 2023년 3월 페라리 빨간색 스포츠카를 소유하고 있다.

나는 2024년 5월 60평형 아파트에 살고 있다.

2) 명예를 원할 때

나는 2023년 3월 요리 명장 자격증을 획득했다.

나는 2025년 2월 박사학위를 취득했다.

나는 2025년 12월 대학교 정규 교수로 근무하고 있다.

3) 배우자를 찾을 때

나는 2024년 3월 세상에서 가장 예쁜 여자친구를 사귀고 있다.

나는 2025년 5월 사랑하는 여자와 결혼해서 살고 있다.

나는 2026년 10월 아내가 낳은 건강한 쌍둥이를 키우고 있다.

4) 건강을 원할 때

나는 2022년 4월 20일 보스턴 마라톤 대회에 참가했다.

나는 2022년 5월 철인 3종 경기에 참여해서 우승했다.

나는 100세까지 아픈 곳 하나 없이 건강하게 살고 있다.

5) 하고 싶은 일이 있을 때

나는 2022년 8월 수상스키를 재미있게 즐기고 있다.

나는 2025년 10월 가족과 함께 전 세계 여행을 하고 있다.

나는 2026년 5월 에베레스트산 정상에서 기념 촬영을 했다.

사람은 동일한 소리를 반복해서 들으면 어느 순간 잡음으로 여기게 된다. 녹음한 내용이 잡음으로 들리게 되면 부정적인 생각이 들어서 잠재의식이 거부반응을 일으킬 수 있다. 그래서 녹음을 재생할 때는 반드시 소리를 최대한 줄여서 사람의 귀에 거의 들리지 않는 무음으로 반복재생하여야 더욱 효과적이다.

무음의 상태가 더욱 효과적이란 말에 의심을 갖는 사람들이 있을 것이다. 무음의 상태라면 내가 인식할 수 없기에 잠재의식에 각인하지 못하는 것은 아닐까? 라는 생각이 들기 때문일 것이다. 하지만 무음의 상태에서도 녹음-반복재생 시스템은 계속 돌아가고 있다는 사실을 기억하라.

말소리가 날 때에는 음파＋의미가 울려 퍼지지만 무음으로 작동될 때에는 왈파＋의미가 계속 자연에 울려 퍼지게 된다. 여기서 왈파란 말씀 왈(曰) 자의 왈이다. 우리가 대개 말씀이라 할 때 상스러운 말을 말씀이라 하지 않는다. 말에 거룩한 뜻이 담길 때 비로소 말씀이란 말을 쓴다. 왈파란 그런 의미의 또 다른 음파다. 녹음-반복재생에서 무음 상태로 작동시켜 놓으면 이런 왈파가 퍼져 나가게 되므로 더욱 효과적인 잠재의식 깨움이 일어나게 된다. 그래서 무음 상태가 더 효과적이란 말을 하는 것이다.

꿈의 실현에 집착할 경우 그것을 이루지 못할 것에 대한 두려움과 불안이 일어난다. 그러나 초연한 사람에게는 기쁨과 즐거움이 생겨나고, 그러면 꿈을 상징하는 것들이 자발적으로 손쉽게 다가온다. 무언가에 집착하는 사람은 무력과 절망, 세속적인 욕구, 사소한 두려움, 소리 없는 절망, 심각함의 감옥에 갇힌 것이나 다름없다.

복을 달라고 원해 놓고 빨리 안 준다고 칭얼거리는 모습이 안달복달이다. 음식을 주문해 놓고 자꾸 주방을 기웃거리며 독촉하면 음식이 맛있게 나오겠는가? 주문한 음식은 틀림없이 나온다. 그걸 의심하는 이는 바보다. 그게 바로 시스템의 힘이다. 녹음은 굳이 자나 깨나 목표에 매달리지 않아도 목표를 달성할 수 있게 해 주는 최적의 시스템이다.

일반 녹음 앱으로 녹음할 경우 이 책에서 제시하는 여러 가지 조건을 맞추기 힘들 수 있다. 이에 필자는 노력 끝에 녹음의 원리에 적합한 애플리케이션을 개발하기에 이르렀다. '알지톡'이다. 알지톡을 실행하면 이 책에서 제시하는 녹음 원리에 따라 최대 100개까지 꿈과 목표를 녹음하고 무한 반복재생할 수 있게 된다. 그리고 우리의 소리가 우주와 공명을 이루려면 지구의 평균 주파수인 7.83Hz와 일치해야 하기 때문에 녹음 소리의 주파수를 마이너스 볼륨에 맞춰야 하는데, 알지톡으로 마이너스 볼륨 12~14에 맞춰 놓으면 지구 주파수 7.83Hz 영역에 들어가게 되어 공명을 이루기에 유리하게 되어 더 빨리 꿈에 도달하게 만들어 준다.

알라딘이 요술 램프를 문지르면 램프요정 지니가 나타나서 어떤 소원이든 들어주는 것처럼 우리 안에도 우리의 소원을 들어줄 무한능력을 가진 잠재의식이 있다. 지니가 언제나 램프 속에서 대기하고 있듯이 잠재의식도 마찬가지로 항상 우리 안에서 명령만 대기하고 있다. 잠재의식을 알고 활용하는 사람은 이 세상 그 어떤 일도 못해 낼 일이 없는 것이다.

이제 우리도 녹음을 통해서 우리 안에 있는 기적의 잠재의식을 발견하고 소통하면 많은 꿈의 성취를 이루어나갈 수 있게 될 것이다. 알지톡은 자신도 모르는 사이 잠재의식으로 하여금 쉽게 목표한 모든 꿈을 이루도록 도와줄 것이다.

알지톡은 세계 최초로 말, 글, 이미지를 동시에 재생하는 녹음 방법이다. 말은 소리와 뜻 에너지로 자연 에너지를 부르는 힘이 있다. 아기는 배고플 때 울기만 해도(소리 에너지만 발산) 엄마가 아이의 소리를 듣고 달려와 아이 입에 젖을 물린다. 하물며 구체적인 말로 요청하면 그것을 하늘이 들어주지 않겠는가.

이미지는 꿈을 끌어당기는 자석이다. 아이가 마음속에 엄마를 그리면 엄마는 자석처럼 끌려와 아이를 안아준다. 그리움은 내면 깊은 곳에 그림을 그리고 또 그리는 일이다. 이러한 그림이 밖으로 표현되어 선명해지면 실재계의 파동 상태인 꿈을 현상계로 끌어내는 행위가 일어나게 한다. 그런 면에서 그림은 꿈을 끌어당기는 자석이다.

글은 꿈에 대한 가장 정교한 요청서다. 글 역시 원하는 것을 당기는 데 쓰였다. 애인에게 편지를 쓰면 애인이 훨씬 강력하게 당겨온다. 글은 말이나 그림보다 훨씬 구체적인 표현이나 주문을 할 수 있다. 예를 들어 과거에는 "닭 200마리와 소 5마리를 가지고 오면 쌀 30가마와 바꿀 수 있다"라고 글을 써 보내면 그대로 이루어졌었다. 그래서 계약서는 말로 하지 않고 글로 남기게 된 것이다.

알지톡은 이런 힘을 가진 말, 글, 이미지를 모두 녹음하여 반복 재생함으로써 더욱 강력하게 꿈을 이루어 주는 최고의 도구다.

명심해야 할 것은 녹음이 마치 기도처럼 신께서 이루어 주기만을 기다리고 있는 것이 아니라 꿈을 이루기 위한 그다음 행동의 자연스러운 동기부여를 이루어 주는 존재라는 점이다. 이때 녹음 후의 행동은 노동이 아니라 자연스러운 행동을 이끈다는 점에서 차이가 있다.

내가 어떤 꿈을 녹음해 두었는지 확인해 보면서 내 꿈을 재정비해 봐야 한다는 사실이다. 내가 꿈을 위해 어떤 노력을 하고 있는지도 확인하여 그냥 재미로만 녹음하는 일이 없도록 해야 한다. 녹음을 통하여 어떤 사람은 짧은 꿈이 이루어지기도 하지만 어떤 사람에게는 긴 시간을 요구하기도 한다. 이때에는 긴 시간을 바라보는 인내심을 가지는 것이 중요하다.

또한 녹음은 안 좋은 일도 이루어질 수 있기에 다음 3가지를 조심해야 한다. 이것은 내 꿈을 막거나 나를 망하게 할 수도 있기 때문이다.

1) 의심하면서 녹음하면 안 된다.

2) 너무 과한 욕심을 내면 이루어지지 않는다.

3) 저주, 사고, 죽음 등 타인에게 피해를 가하는 꿈은 안 된다.

예를 들어 '에이, 이게 되겠어?'라는 마음을 가지고 녹음해선 안 된다. 의심하는 마음이 깃들면 그 당시 내뱉는 말에도 부정적인 기운이 들기 마련이다. 또한 '전 세계의 모든 돈을 내가 가지겠어' 등 과한 욕심을 부린 진정성 없는 소원은 이루어지지 않는다. 마지막으로 '그 사람이 암에 걸려 아주 아팠으면 좋겠어'라는 타인을 저주하는 꿈은 긍정적인 기운이 들지 않아 절대 이루어지지 않는다.

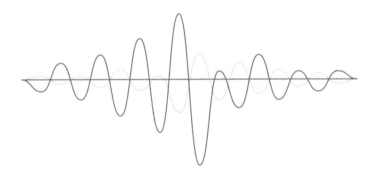

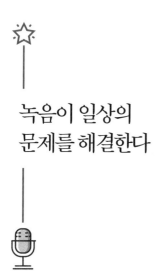

녹음이 일상의
문제를 해결한다

꿈과 별도로 우리는 살아가면서 많은 문제점과 고민들에 부딪치면서 산다. 이러한 고민이 생겼을 때 급격한 감정의 변화를 경험하게 된다. 시급한 경우에는 빨리 해결해야겠다는 초조함이 앞서고 그러다 보니 차분하게 생각할 겨를이 없어진다. 또한 평소에 우려하던 일이 터졌을 때는 두려움과 당황한 마음에 제대로 이성적인 판단이나 행동을 못하는 경우도 많다.

고민을 해결하는 방법은 사람마다 다르겠지만 대다수 사람들은 우선 문제에서 도망쳐 이를 회피하는 계책을 찾는다. 피하는 계책을 핑계라 한다. 밤새 고민도 하고 문제를 잠시나마 잊어버리기 위해 술에 의존하기도 하지만 근본적인 해결책을 얻을 수는 없다. 이러한 경향은 임시로라도 가능한 한 빨리 골치 아픈 고민에서 벗어나고자 하는 인간의 본능에서 기인한다.

종교가 있는 사람은 그나마 조금 낫다. 기도라는 무기가 있고 또 함께 기도해 주는 성직자와 성도들도 있다. 그러나 이 경우도 기도로 문제가 해결되면 다행이지만 언제나 해결된다는 보장은 없다. 결국 기도로 문제가 해결되지 않을 시 종교가 있는 사람도 일반인과 똑같은 행동패턴을 보이게 된다.

그렇다면 일상생활의 문제를 해결하는 뾰족한 방법은 없는 것일까? 필자는 일상에서의 문제도 꿈과 마찬가지라 생각한다. 잠재의식의 힘을 빌리면 몇 배의 힘을 발휘할 수 있으므로 문제해결에 더 가까이 다가갈 수 있다. 사람들이 일상생활의 문제 앞에서 무너진 까닭은 현재의식에 의존해서만 문제를 해결하려고 노력하였기 때문이다. 우리의 현재의식은 나약하기 짝이 없다. 불완전한 인간이기에 당연한 결과이기도 하다.

그런데 잠재의식의 도움을 받는다면 어떨까? 잠재의식은 현재의식의 수십, 수백 배의 힘을 가진다. 따라서 이제부터라도 일상생활의 문제에 대해서도 잠재의식의 도움을 받아서 문제를 해결하는 방안을 활용하기 바란다. 그 방법은 앞에서 제시한 녹음하는 방법과 동일하다. 예를 들어 내가 게임중독에 빠져 있다고 했을 때 다음과 같은 녹음 문장을 만들 수 있다.

　　"나는 2022년 12월 현재 게임에 중독되지 않은 자유로운 사람이 되어 있다."

　　이 녹음은 무한반복으로 재생되어 당신의 잠재의식에 각인될 것이다. 그리고 당신은 2022년 12월 게임중독에서 벗어나 자유로운 사람이 되어 있을 것이다. 이런 식으로 일상에서 생기는 문제에 대해서도 녹음을 하여 잠재의식에 문제 해결을 맡기기 바란다. 이것은 가장 강력하면서도 쉬운 방법이다.

녹음은 맹목적 믿음이 아닌
과학임을 명심하라

지금까지 녹음이 꿈을 이루는 원리에 대해 설명하였다. 그런데 녹음한 것을 반복재생만 하고 가만히 기다리기만 하면 꿈이 이루어진다고 하니 과연 이게 될까, 의심하는 사람도 있을 것이다.

꿈을 이루려면 그에 맞는 노력을 해야지 어떻게 녹음 재생만으로 꿈을 이룰 수 있단 말인가? 이건 상식적으로 맞지 않는 말처럼 느껴진다. 결국 녹음의 힘에 대해 의심이 생기는 이유는 이게 우리가 평소 알고 있는 상식과 맞지 않기 때문일 가능성이 높다. 내가 지금까지 알고 있던 상식과는 다른 이야기를 하니 의심이 생기는 것이 당연하다.

기존의 자기계발서가 내세우는 꿈-목표-계획-실천-노력-성공의 과정은 지극히 상식적이므로 이것은 쉽게 믿을 수 있다. 하지만 녹음-반복재생은 생소하고 상식적이지도 않으며 마치 초자연적 현상을 이야기하는 것 같다. 이러한 점 때문에 필자는 독자들의 의심을 해소하기 위해 최대한 녹음의 과학적 원리에 대해 설명하였고 심리학적 요소까지 동원하여 이해시키려 애썼다. 그럼에도 불구하고 녹음의 원리에 대한 의심이 사라지지 않는 사람들에게 지금의 나를 변화시키기 위해서는 상식의 틀을 깨야 한다는 말을 하고 싶다.

도대체 우리가 그토록 신봉하고 있는 상식이란 무엇일까? 네이버 사전을 검색해 보면 상식이란 '사람들이 보통 알고 있거나 알아야 하는 지식'이라고 되어 있다. 보통의 사람들이 알고 있거나 알아야 하는 지식이 상식이란 뜻이다.

필자는 이러한 상식의 정의에 '그 시대의'란 말을 추가해야 한다고 생각한다. '그 시대의 사람들이 보통 알고 있거나 알아야 할 지식'이 상식이란 이야기다. 즉, 조선시대 사람들의 상식과 오늘날 현대인들의 상식은 다를 수밖에 없다. 이 말은 상식이 시대에 따라 변하는 성질을 갖고 있음을 뜻한다. 지금의 상식이 10년 후에도 그대로 이어진다고 볼 수 없다. 20년 후에는 지금과는 차원이 다른 상식이 자리잡을지도 모른다. 이처럼 상식은 새로운 지식의 발견 여부에 따라 가변성을 가진다.

이러한 성질의 상식을 사람들은 왜 그토록 신봉하는지 모르겠다. 사람들은 뭔가가 조금만 상식을 벗어나면 이미 색안경을 끼고 본다. 하지만 세상의 지식에는 상식만 있는 것이 아니다. 상식보다 더 고급지식도 있고 낮은 지식도 있다. 이 모든 것들이 함께 어우러져 살아가는 것이 우리 사회다. 따라서 상식이 한 사람이나 대상을 판단하는 기준이 되어서는 안 된다.

만약 내가 상식의 틀에서만 살고 있다면 나는 상식 이상의 사람은 절대 될 수 없다. 그냥 보통 사람으로 살아가고 싶다면 상식적으로 살면 되지만 그 이상의 사람이 되고 싶다면 이제 상식의 틀을 깰 수 있는 자세도 필요하다. 상식 이상의 지식을 받아들여야 나는 상식 이상의, 즉 보통 이상의 사람이 될 수 있다.

비물질이지만 지식에도 에너지가 있다. 이를 비물질 에너지라고 한다. 자동차를 만드는 지식이 없었다면 어떻게 자동차가 탄생할 수 있었겠는가. 강력한 지식 에너지가 작동하여 자동차가 만들어질 수 있었던 것이다. 이러한 지식 에너지에도 높낮이가 있다.

세상의 지식을 이론지식과 경험지식으로 나눈다고 했을 때 이론지식보다 경험지식이 더 큰 비물질 에너지를 가진다. 왜냐하면 경험지식이 진짜 지식에 더 가깝기 때문이다. 또 세상의 지식을 일반지식(상식)과 진리지식으로 나눈다고 했을 때 진리지식이 훨씬 큰 에너지를 가진다. 일반지식은 보통의 답을 줄 수 있으나 진리지식은 모든 것의 답을 줄 수 있기 때문이다. 그런 면에서 진리지식은 모든 지식 중 최고의 에너지를 가지고 있다 할 수 있는데 그 이유는 이것이야말로 진짜 지식이기 때문이다.

오늘날 과학은 거의 상식으로 굳어져 있는 듯하다. 좀 더 심하게 말하면 거의 진리로 믿고 있다고 해도 과언이 아닐 것이다. 에너지 차원으로 보자면 오늘날 과학지식은 최고의 에너지를 가진 지식이라고 해도 무방할 것이다. 이로 인해 과학적인 것은 상식으로 받아들여지지만 비과학적인 것은 상식으로 받아들여지지 않는다. 종교에서 신을 믿고 기도의 응답을 받는 것은 종교인들에게는 상식이 될 수 있을지언정 사회 통념상으로는 상식이 되지 못한다. 그 내용이 비과학적이라 믿기 때문이다. 그러나 과학이 더 발달하여 신의 존재가 과학적으로 증명된다면 어떻게 될까? 그때는 종교도 상식의 틀 안으로 들어올 수 있을 것이다.

그렇다면 정말 과학은 진리에 가까울까? 과학철학이라는 학문 분야가 있는데 케임브리지 대학교 석좌교수로 있는 장하석 교수에 의해 우리나라에도 소개된 바 있다. 과학철학이란 과학도 정해진 진리가 아니며 계속 변화하는 것이라 여기는 학문이다. 우리는 과학시간에 물이 100도씨에서 끓는다고 배웠는데 과학철학에서 실제 실험을 해 봤더니 물이 정확히 100도씨에 끓는 환경을 찾는 것이 무척 어렵다는 사실을 발견했다. 어떤 경우에서도 물은 100도씨에서 끓지 않았던 것이다.

뉴턴의 절대법칙이 진리인 줄 알았는데 아인슈타인이 나타나 그 진리를 깨트려버렸다. 아인슈타인이 진리인 줄 알았는데 이번에는 양자역학이라는 것이 나타나 아인슈타인을 흔들어 놓고 말았다. 과학은 이처럼 진리로 정해져 있는 것이 아니라 새로운 과학 지식의 발견에 따라 계속하여 변화하고 있다.

아마도 당신이 과학을 진리라고 믿었다면 이런 이야기는

조금 충격으로 들릴 수도 있겠다. 당신의 상식을 깨트리는 이야기이기 때문이다. 그런데 과학의 불완전성은 여기에 그치지 않는다. 지금까지 이야기한 과학은 물질과학에 대한 이야기에 불과하다. 이러한 물질과학도 아직 진리가 아닌 채 변화하고 있다. 그런데 세계는 물질로만 이루어져 있지 않다. 정신, 마음, 지식, 감정… 등 사실상 세계는 이런 비물질적 요소들이 움직이고 있다고 해도 과언이 아니다.

그런데 왜 과학자들은 이런 비물질에 대해서는 탐구하지 않는 것일까? 필자는 그 이유가 아직 과학이 발전단계에 있기 때문이라고 생각한다. 인류의 역사에서 과학이 탄생한 것은 불과 수백 년도 채 되지 않는다. 과학은 여전히 발전하는 가운데 있으며 언젠가는 과학자들이 비물질 영역에까지 도전하게 될 것이다.

실제 비물질과학에 대해서도 관심을 갖고 탐구를 시작하는 과학자가 나타나고 있는 상황이기도 하다. 그중 형태장 에너지는 비물질과학의 요소를 담은 과학의 분야라 할 수 있다. 형태장이란 물체가 형태를 갖도록 외부에서 힘을 작용하는 에너지장이다. 즉, 인간의 최초 줄기세포는 모양이 같으나 어떤 것은 자라서 눈이 되고 어떤 것은 자라서 팔이 된다. 이때 줄

기세포가 고유의 형태를 갖도록 자라게 하는 힘의 원천은 줄기세포 내에 있는 유전자 같은 것이 아니라 외부에서 오는 보이지 않는 어떤 에너지장(형태장)에 의해 결정된다는 것이다. 이러한 형태장은 물질적 실체를 가진 존재가 아니라 비물질적 실체이기에 형태장 이론이 비물질과학의 분야라고 이야기하는 것이다.

현재 기준으로 물질과학이 상식이라면 비물질과학은 상식 이상의 지식이라고 할 수 있을 것이다. 따라서 당신이 상식 이상의 지식을 갖고 싶다면 물질과학뿐만 아니라 비물질과학에도 관심을 가져야 한다. 물론 비물질과학은 아직 태동 단계라 학문으로 정착되어 있지 않고 아웃사이드에서 여러 강의로만 만날 수 있다. 필자가 녹음의 원리에서 언급한 녹음의 말소리와 평행우주의 양자 얽힘, 공명 에너지와 잠재의식의 만남 등도 비물질과학의 요소가 포함되어 있다고 볼 수 있다.

당신이 만약 상식을 깨고 비물질과학의 지식까지 받아들일 수 있다면 녹음의 힘에 대한 의심의 안개는 걷히게 될 것이다. 녹음-반복재생의 원리가 지극히 과학적임을 알게 될 것이기 때문이다. 그리고 녹음-반복재생이 잠재의식을 깨우고 작동시키는 원리 또한 과학적임을 이해할 수 있게 된다.

비물질 에너지가 존재한다면 이는 분명 양자(에너지 덩어리) 상태로 존재할 것이다. 이로써 말소리도 양자가 될 수 있으며 양자 얽힘에 의해 우주까지 날아갈 수 있는 사실이 증명된다. 비물질 에너지를 인정한다면 잠재의식의 실체를 잡는 것이 더 쉬워질 수 있다. 잠재의식에는 현재의식보다 훨씬 큰 비물질 에너지가 흐를 것이며 이 에너지가 겉으로 드러나 보이는 것이 바로 잠재능력이 되는 것이다.

당신이 상식의 틀을 깨고 비물질과학의 지식으로 녹음의 원리를 바라볼 수 있다면 당신의 잠재의식은 깨어나 당신의 꿈을 이루어 주는 데 앞장설 것이다. 그러므로 당신의 꿈은 반드시 이루어지게 될 것이다.

녹음으로 꿈을
이룬 사람들

꿈을 녹음하자 그 꿈이 기적처럼 이루어진 사례들이 있다. 녹음으로 꿈을 이룰 수 있다는 것을 듣고 적극적으로 나서서 녹음으로 꿈을 쟁취해 낸 실제 사례들을 다음과 같이 소개한다.

매출 성장

서울 사는 주부입니다. 회사를 그만두고 슈퍼를 하게 된 남편은 슈퍼가 잘될지 몰라서 불안한 상태였어요. 대형마트들만 잘되는 상황에 슈퍼를 통해 목표하는 수입이 되기는 난망한 느낌이었지만 자본금의 한계로 어쩔 수 없었습니다. 우리 부부는 종교도 없어서 마음 기댈 곳도 없었죠. 그러던 차에 녹음과 재생의 비밀을 어떤 경로로 알게 된 것은 천운이었을까요? 2018년 11월에 남편이 "나의 슈퍼 매장은 월 매출이 1000만 원이 넘는다"라고 녹음하고 우리 부부는 서로를 쳐다보며 멋쩍게 웃었습니다. 그게 쉽지 않은 목표였다는 것을 서로 알고 있었으니까요. 그런데 다음 달인 12월 중순부터 벌써 매출이 1000만 원을 넘기 시작했습니다! 무슨 일이 일어난 거죠? 이걸 누구에게 감사해야 할까요? 먼저 녹음의 원리를 상상하고 세상에 알려주신 분께 감사드립니다. 그리고 이런 용기를 낸 저 자신에게도 감사하고요, 제 말을 믿어준 남편에게도 감사합니다.

대학 합격

저는 대입 수험생입니다. 엄마 소개로 녹음에 대하여 알았고 녹음과 재생의 효과가 있다는 말을 들었을 때 꼭 그것이 100% 믿어진 것은 아니었습니다. 그래도 제가 그것을 거부하지 않고 실행한 것은 우선 거의 드는 노력이 없기 때문이었어요. 즉, 이렇게 간단한 거라면 효과가 있거나 없거나 한번 해보자, 라는 생각이었죠. 2019년 대학입시에 응시하면서 "나는

2019년에 ◯◯대학교에 다니고 있다"를 녹음하였습니다. 그런데 묘한 거 있죠. 재생이 돌아가는 것을 보자 왠지 꼭 될 것만 같은 기분? 아니 이미 실현된 것 같은 실감이 들면서 마음이 환하게 밝아지는 거예요. 나중에 집에 가 보니 엄마도 제가 그 대학교에 합격을 기원하는 것을 녹음하셨다고 하더군요. 물론 소원은 본인의 것을 하는 것이라곤 하지만 왠지 엄마도 함께 힘을 더하고 싶었다고 하시네요. 어쨌든 그 결과 저는 원하는 대학교에 합격을 했습니다. 정말, 정말 고맙습니다.

카투사 합격

50대 주부입니다. 저는 처음에 녹음 이야기를 듣고 나서 큰 기대를 한 것은 아니었습니다. 당시 제가 바라는 것이 있다면 아들이 카투사에 들어가고 싶어 하는데 그것이 이뤄지길 바라는 것이었지요. 2019년 9월 카투사 접수하고 저와 제 아들 휴대폰에 "모년모일 ◯◯◯는 카투사에 복무하고 있다"는 내용으로 녹음을 했습니다. 그리고 재생을 해 놓으니 왠지 든든해지더군요. 제일 경쟁률이 높은 달 중 하나인 3월 입대로 지원한 터라 거의 기대도 하지 않았었는데요. 11월 합격 문자가 와서 정말 너무 놀랐습니다. 며칠 전 입대했고 지금은 안전하고 건강하게 잘 마치고 제대하는 내용을 녹음으로 추가하여 놓았습니다. 정말 감사합니다.

부동산 매매

저는 학원을 운영하던 사람입니다. 하지만 하다 보니 저랑 맞는 일이 아니라는 것을 느꼈고 운영도 생각 같지 않아 넘기고 다시 새로운 도전을 하고 싶었어요. 하지만 학원 매매는 결코 쉬운 일이 아니었습니다. 보러 오는 사람도 거의 없는 상태에서 이미 마음이 떠난 학원을 운영하는 일은 참으로 고역이었습니다. 그러던 어느 날 인터넷을 통해 우연히 스친 것이 녹음의 원리에 대한 글이었습니다. 시크릿과 EFT 확언, 시각화 등에 관심이 있었던 저라서 확 관심이 생겼지요. 이 녹음의 원리에 대해 파고들었고 이것이 이해되었을 때 너무 좋은 아이템이라는 생각이 들었습니다. 2019년 10월 말이었네요. 잊을 수 없는 그날 "나는 12월까지 학원을 매매한다"라고 녹음했는데요, 정말 놀랐습니다. 11월 30일에 가계약을 하고 12월 3일에 계약금 받고 계약을 하여 너무도 순조롭게 학원을 매매했습니다. 이것은 제 선택의 힘일까요? 물론 기본적으로 선택은 그렇겠지만 마치 제 휴대폰 속에 알라딘의 지니가 깃들어 있어서 저를 위해 밤낮으로 일해 주는 느낌이 들었습니다. 저는 이제 제가 꿈꾸었던 새로운 일을 준비하면서도 불안하지 않습니다. 제겐 녹음이라는 든든한 뒷배가 있으니까요.

공무원 시험

저는 졸업을 앞둔 고등학교 3학년 학생으로 장래 걱정으로 고민이 많았습니다. 학교 성적도 반에서 하위권이어서 좋은 대학 진학도 어려웠어요. 공무원 시험을 볼까 생각했지만 현재의 실력으로는 합격도 장담할 수 없었습니다. 어느 날 아버지께서 제게 녹음의 원리에 대해 이야길 하셨지요. 평소엔 말도 거의 없으신 아버지께서 꺼내신 이야기라 묘한 느낌이 들어서 나중에 스스로 차근히 알아보았습니다. 이것은 제가 개인적 취미로 공부하던 양자역학의 이치랑 딱 맞는 거네? 라는 착안이 생기자 마음에 확 불이 지피는 느낌이 들었습니다. 그래서 녹음을 하려는데 두근거려서 자꾸 말을 버벅대는 바람에 몇 차례 NG를 내기도 했습니다. "나는 2019년 12월 공무원으로 근무하고 있다"라고 녹음을 해 놓고는 재생을 시켜두니 가슴속에 뭉쳤던 보이지 않는 덩어리가 쑤욱 내려가는 느낌이 들어서 놀랐습니다. 그리고는 얼마 후 녹음을 해 놨다는 사실조차

잊어버렸죠. 평상시 공부와는 담을 쌓았던 제가 이상하게도 공부가 재밌어지기 시작했고 공무원 시험 준비를 열심히 하게 되었습니다. 그 해 12월 발표된 공무원 합격자 명단에 제 이름이 있었습니다! 주변에서는 도저히 믿을 수 없는 기적이라고 했습니다만, 저는 세상에 기적은 없다고 봅니다. 무엇이 날 공부하게 만들었고 내 능력을 극대화해 주었을까요? 원래 누구나 그런 능력이 있는 것 아닐까요? 다만 그것을 의심하고 불안해하는 게 인간인데 그런 불안과 의심을 내려놓을 수 있게 도와주는 것이 녹음의 원리가 아닌가 생각해 보았습니다.

완전한 몸

저는 '움직이는 종합병원'이라는 별명을 가진 주부였습니다. 허리와 발목 통증은 죽어서나 나을 것만 같이 지겹게 저를 따라다녔죠. 뚜렷한 치료 방법도 없어서 물리치료나 받으면서 조심하면서 지냈습니다. 마치 유리 조각을 붙여서 만든 몸을 다루듯 했지요. 어느 날 녹음의 힘을 친구에게서 소개받고 지푸라기라도 잡고 싶은 마음이 생겼습니다. 처음에는 저 혼자 잘 모르면서 급한 마음에 녹음했습니다. "나도 제발 허리랑 발이랑 안 아프게 해 주세요"라고 녹음을 했다가 그게 잘못된 말이라는 것을 친구에게 듣고는 다시 녹음하게 되었습니다. "나는 아픈 데가 하나도 없이 건강하게 살고 있다"라고 녹음한 후 무음으로 반복재생을 하였습니다. 그러면서 그 문장에 깃든 제 마음의 차이를 알게 되면서 깜짝 놀랐지요. 저는 여태까지 아픈 나를 진짜 나로 알고 인정하고 살았던 것입니다. 이제는 스스로 선언하게 되었습니다. 나는 건강하며 완전하다고!

그런데 어느 날부터인가 그동안 시달렸던 통증이 제 몸을 빠져나가기 시작했습니다. 마치 이삿짐 싸서 나가는 것 같은 느낌? 나중에는 통증이 거의 사라져서 너무나 신기했습니다. 제가 한 일은 유일하게 녹음을 한 것뿐이었거든요. 그런데 얼마 후 갑자기 발목에 통증이 나타나서 다시 물리치료를 해야겠다고 생각하였는데 문득 지난번 녹음을 했던 녹음기를 확인해 보니 녹음기가 꺼져 있는 상태를 발견했습니다. 그래서 다시 재생했고 그 다음 날 거짓말처럼 통증이 씻은 듯이 사라졌습니다. 이게 어떻게 된 것일까요? 제 심리와는 무관하게 무음 재생이 무언가 우주에 작용하고 있는 게 분명하구나! 하고 느끼면서 다시 한번 놀랐습니다. 현재까지 녹음을 무음으로 재생하면서 아픈 곳 하나 없이 건강하게 지내고 있습니다.

병원 성업

저는 강남 신사동에 성형외과를 하고 있는 P원장입니다. 개원 후 처음에는 호기심으로 찾아왔던 고객들이 꽤 있었지만 시간이 흐르면서 점점 줄어들어 급기야 병원 경영이 어려워지고 있었습니다. 그때 동료 의사로부터 자신이 원하는 것을 녹음 재생해 놓으라는 조언을 들었지요. 평소의 저라면 그런 뜬구름 잡는 이야기는 코웃음치고 말았을 텐데… 왠지 그날은 제가 그의 말을 집중해서 듣게 되더군요. 운명이 바뀌려고 할 때는 그런 것일까요? 그렇게 실행을 했습니다. 처음에는 좀 부끄러워서 혼자 몰래 제 방에 들어가서 했지요. 이상한 일이 생기기 시작했습니다. 마치 제 질척질척한 드라마가 아닌 다른 성공자의 탄탄대로에 올라탄 것 같은 느낌이랄까요? 그 후 고객이 빠르게 늘기 시작하여 얼마 되지 않아 이제는 예약이 너무 많아서 오랜 시간을 기다려야 진료를 받을 수 있는 병원이 되었습니다. 모든 병원장이 꿈꾸는 그런 병원이지요. 녹음의 원리에 감사하고 그것을 알려준 친구에게도 진심으로 고마움을 느낍니다. 그리고 저도 이 쉬운 운명 전환의 도구를 주변에 알려 주는 사람이 되었습니다. 이걸 전해서 누구에게도 피해를 끼칠 일이 없잖아요? 다시 한번 고맙습니다.

카페의 꿈

저는 카페를 운영하는 게 꿈이었고 2020년 2월 초에 제가 꿈꾸던 그런 카페를 보게 되었습니다. 마침 거기는 내놓은 상태여서 침을 꿀꺽 삼켰지만 보증금이 상당했었지요. 물론 너무나 잘 꾸며 놓았고 목도 좋은 곳이라 비싼 것은 아니었지만 제 수중에 있는 돈은 그에 한참 못 미치는 것이었습니다. 그래도 왠지 마음을 접을 수 없었던 저는 우연히 유튜브를 보다가 녹음과 재생의 비밀을 알려 주는 방송을 보게 되었어요. 방송에서 유튜버는 이미 녹음의 원리를 활용하고 있었고 너무 좋다고 판단하여 이렇게 자신의 방송에 공개하던 참이었습니다. 저는 그분을 평소 신뢰하던 팬이었기에 바로 "나는 2020년 3월 카페를 오픈해서 운영하고 있다"라고 녹음을 하는데 이미 기분이 좋아지면서 입꼬리가 막 올라가는 거 있죠? 그 결과 어떻게 되었을까요? 바로 그 달 말에 부동산에서 전화가 왔어요. "사장님이 원하는 보증금에 계약을 하시자네요." 너무 놀랐습니다. 무슨 일이 일어난 걸까요? 지금 저는 그렇게 선망하던 카페를 인수했고 설레는 마음으로 하루하루 운영해 나가고 있습니다.

알바생의 꿈

저는 30대 인천 사는 남자입니다. 지금은 알바생이지만 꿈은 크게 잡고 있으며 공부하고 있습니다. 녹음의 원리를 알고는 있었는데 실행은 해 보지 않고 있었습니다. 그런데 온라인 마케팅수업을 배우기 위해 접수를 하려고 했는데 수업료가 500만 원이랍니다. 그런 목돈은 없었지만 꼭 배워야만 하겠는 거예요. 그 고민을 가족에게 토로했더니 여동생이 그러더군요. "오빠 소원 성취하는 녹음의 원리가 있다고 자랑하더니?" 그제서야 다시 녹음이 번쩍 떠올랐습니다. 밥을 먹다 말고 방에 들어와서 녹음을 했습니다. "나는 ○월 ○일 온라인마케팅수업을 듣고 있다"라고. 그날 저녁 바로 문자가 왔습니다. 갑자기 수업료를 몇 년에 걸쳐 분할 납부할 수 있게 된 겁니다. 지금 그 수업을 듣고 있고 너무나 잘했다는 생각이 듭니다. 저 혹시 이미 성공한 것 아닐까요? 제 신념을 지원해 주는 녹음의 원리가 있다면 못할 게 뭐가 있을까 싶은 마음입니다.

전원생활의 로망

저는 55세 남자 J입니다. 서울 종로에 살고 있었는데요. 제 꿈은 경기도 양평에 가서 풀냄새 꽃냄새 맡으며 사는 것이었습니다. 하지만 직장과 아이 학교 문제 등 걸리는 게 많아 고민 중이었는데요. 그때 녹음의 효능에 대해 듣게 되었고 "나는 2019년 3월 양평에서 가족과 함께 행복하게 살고 있다"하고 녹음해서 재생시켜 놓았습니다. 그때부터 이상할 정도로 주변 상황이 제게 협조하기 시작했습니다. 마치 감독이 낡은 각본을 폐기하고 새로운 시나리오를 짜준 것처럼 새로운 인연과 소스 source 들이 나타나기 시작했고 녹음한 지 석 달이 되어갈 즈음 양평에서 만족한 삶을 살아가게 되었습니다. 양평 계획에 심드렁하던 가족들도 적극적으로 함께 해 주었다는 게 더욱 놀라운 일입니다. 저는 그 후로 여러 가지 소원을 담아 재생하고 있으며 현실화해 가는 중입니다. 마치 좋은 땅에 씨를 뿌려 놓고 즐거운 마음으로 기다리는 농부 같은 마음이네요. 제 개인적인 생각일지 모르지만 이런 녹음의 원리는 세계로 퍼뜨려야 합니다. 누구에게나 좋은 일이라면 아무도 방해하지 않겠죠? 이 아이디어를 처음 내신 분이 누구신지는 모르나 고개 숙여 감사드립니다.

승진

저는 공기업에 다닌 지 15년차 되는 K입니다. 아무리 열심히 해도 고시와 같던 승진시험에서 번번이 떨어졌습니다. 아무리 생각해도 노력이 남보다 부족한 것 같지는 않았는데 기가 막힐 노릇이었습니다. 동료들이 승진하는 것을 보며 홀로 자괴감이 드는 나날이었지요. 어느 날 공부도 하기 싫고 해서 인터넷 서핑을 하다가 녹음과 재생의 비밀에 대해 접했습니다. '이건 또 무슨 들보잡 시크릿이야?'라고 처음에는 생각했지만 왠지 제 눈은 그 대목에서 벗어날 수가 없었습니다. 다른 화면으로 넘어갔다가 다시 돌아오길 몇 번을 반복했던 것 같습니다. 결국 제 마음에 믿음이 생기기 시작하자 녹음을 했으며 재생을 돌렸습니다. 2011년 10월이었네요. 그리고 12월에 있을 시험에 대비해서 공부를 했습니다. 특이한 점은 공부가 좀 더 쉬워지는 느낌이라고 할까요? 예전에는 죽기 살기로 공부했다면 이번에는 머리가 쌩쌩 돌아가며 신나게 공부하는 기분이었습니다. 그래도 시험 전 날에는 나도 모르게 심장이 쿵쾅거리더군요. 긴장이 최고조에 달했지만 결국 그렇게도 원하던 승진을 하게 되었습니다. 고맙습니다. 또 무엇이 이루어질까요? 저는 가끔 재생되고 있는 제 소원들을 바라보는 게 즐거움 중 하나입니다.

무한반복으로 잠재의식에 목표를 주입할 수 있는 최선의 방법이 바로 녹음이다. 이루고자 하는 목표를 녹음하여 잠재의식이 항상 들을 수 있도록 환경을 제공해 준다면, 잠재의식은 녹음된 목표를 입력하고 반복하여 새김으로써 기존에 입력된 부정적인 생각들을 떨쳐내고 목표를 향해 나아갈 수 있도록 스스로를 증진시키는 것이다.

4단계

행동

뜻을 세운다는 것은 목표를 선택하고,
그 목표에 도달할 행동과정을 결정하고,
그 목표에 도달할 때까지 결정한 행동을
계속하는 것이다.

중요한 것은 행동이다.

◆

마이클 핸슨

성공한다는
믿음을 갖고 행동하라

성공한 사람과 그렇지 못한 사람의 가장 큰 차이는 '행동 지향성'에 있다. 성공한 사람들은 어떤 아이디어가 있으면 그것을 즉시 행동에 옮긴다. 반면 목표를 잘 달성하지 못하는 사람들은 좋은 아이디어가 있어도 온갖 변명을 늘어놓으며 당장 행동으로 옮기지 않는다. 아무리 좋은 지식도 그냥 마음속에 가지고만 있으면 아무 일도 일어나지 않는다. 반드시 행동으로 옮길 때 변화가 나타나기 시작하는 법이다.

행동이란 성공의 길을 간다고 했을 때 길을 걷는 행위에 비유할 수 있다. 성공의 길에 대한 꿈을 꾸고 목표를 정했다 하더라도 발걸음을 떼지 않으면 나는 성공의 길에서 한 발짝도 나아가지 않은 것이 되고 만다. 발을 떼어 뚜벅뚜벅 길을 걸어가야 성공에 다가갈 수 있는 것이다. 성공의 길에서 행동은 이처럼 중요한 것이며 행동 없이는 아무 일도 일어나지 않음을 명심해야 한다.

성공하는 사람은 성공하기 위한 행동을 취한다. 성공하기 위한 행동을 취할 때 잠재의식은 우리를 성공한 사람으로 인식하여 성공의 길로 인도한다. 우리는 성공한 모습을 이미 녹음-반복재생하여 잠재의식을 작동시키고 있으므로 충분히 성공 행동을 취할 수 있다. 이처럼 성공 행동은 우리를 확실히 성공으로 인도해 줄 것이다. 추호의 의심도 없이 이것을 믿고 일상생활에서 이미 성공한 모습으로 행동하기만 하면 된다.

선박왕 오나시스는 빈민가에서 월세방을 전전하던 부두 노동자였던 젊은 시절, 토요일이면 거금을 투자하여 말쑥하게 차려입고 그곳에서 최고의 부자들만 가는 레스토랑에 가서 식사를 하였다. 그가 찾았던 고급 레스토랑은 일주일치의 급료를 몽땅 써야 한 끼 식사를 할 수 있는 곳이었다. 그는 그곳의 분위기, 부자들의 옷차림, 관심사, 대화 내용, 레스토랑에서 받는 서비스 등을 관찰하며 미래의 부자가 되는 모습을 상상하였다고 한다. 부자들과 같이 생각하고 행동하며 결국 선박왕 오나시스는 큰 부자가 될 수 있었다.

우리는 녹음을 통하여 오나시스의 방법을 흉내낼 수 있다. 즉, 현재 진행형으로 "나는 지금 부자가 된다"라고 녹음한 후 반복재생하며 부자의 이미지화를 통해 부자가 된 나를 상상하는 것이다. 오나시스처럼 매주 토요일 거금을 투자하여 현장에 가지 않고도 오나시스와 비슷한 행동을 취할 수 있게 된다. 누구나 희망을 갖고 희망이 실현될 것을 진심으로 믿으면 원하는 것을 정말로 이룰 수 있는 것이다.

어떤 사람은 부자가 되려는 것에 대해 세속적이라 생각하여 죄악시하고 거부감을 느끼는 경우가 있는데 이렇게 희망을 무시하거나 꺼리는 사람에게는 결코 좋은 결실이 찾아오지 않는다. 부자라고 세속적인 부자만 있는 것이 아니다. 좋은 부자, 훌륭한 부자도 얼마든지 있다. 나는 좋은 부자가 될 것이라 희망한다면 그것은 결코 세속적이라 할 수 없는 것이다.

우리는 성공한 느낌을 느끼기 위해서 가상현실 VR 기술을 활용할 수도 있다. 가상현실이란 컴퓨터를 이용하여 구축한 가상공간 속에서 인간이 가진 청각, 후각, 미각, 촉각 등 오감으로 느끼는 감각과의 상호 작용을 통해 현실감을 느낄 수 있도록 만든 것을 말한다. 이 중 시각 및 청각 기술은 80% 이상 재현할 수 있을 정도로 발전하였으나 촉각이나 후각, 미각을 재현하는 기술은 아직 걸음마 단계다. 가상현실의 궁극적인 목표는 컴퓨터와 인간이 현실과 똑같은 소통을 할 수 있는 환경을 제공하는 것에 있다.

만약 당신이 스쿠버다이버의 삶을 살고 싶으면 가상현실을 이용하여 바다를 체험함으로써 잠재의식이 목표를 성취한 모습을 인지하는 데 활용할 수 있다.

근본적 경험론자인 윌리엄 제임스는 행동이 감정을 따르는 것처럼 생각되지만 실제로 행동과 감정은 동시에 움직일 수 있다고 했다. 이것은 거꾸로 행동으로 감정을 조정할 수도 있음을 뜻하기도 한다. 즉, 행동을 바꾸면 자동적으로 감정도 바꿀 수 있다는 것이다. 모션motion이 이모션emotion을 이끌어낸다는 말이 그것이다. '웃으면 복이 와요'라는 말도 비슷한 맥락에서 나온 문장이다. 복이 와서 웃는 것이 아니라 먼저 웃으면 복이 온다는 것이다.

따라서 쾌활한 감정을 잃었을 경우 그것을 회복하기 위해 자의로라도 유쾌하게 말하고 행동하면 쾌활함을 회복할 수 있다. 마찬가지로 성공한 모습으로 행동하면 성공한 감정을 가지게 되는 것이며, 이에 따라 잠재의식에 성공한 모습이 각인되어 성공하는 방법을 찾아내고 이루어내는 것이다. 시인이자 수필가였던 피천득은 자기의 미소 짓는 모습을 자기 심중에 각인하려고 자주 거울을 보며 미소를 지었다고 한다.

보통 사람은 살면서 어려움에 직면할 때 쉽게 감정이 하강하며 자기비하에 빠지곤 한다. 그래서 표정도 심리도 망가져 버리곤 한다. 그러나 일상생활 속에서 어려움이 닥쳤을 경우에도 항상 웃음을 잃지 않고 긍정적으로 생각하고 쾌활하게 행동하면 잠재의식은 긍정적인 방향으로 해결점을 찾아서 어려움이 물러가 버리는 것을 경험하게 될 것이다.

심리학에서는 행동에 따라 감정이 바뀌는 것을 '가역성의 법칙'이라고 한다. 긍정적으로 행동하면 긍정적인 감정이 생기고 부정적으로 행동하면 부정적인 감정이 생긴다는 것이다. 참 쉽지 않은가? 가장 소중한 원리일수록 간단한 법이다.

성공한 마음가짐을
가져라

"모든 것은 태도에 달려 있다"는 유명한 말이 있다. 이와 관련하여 책도 많이 나왔을 정도로 태도, 즉 마음가짐은 행동에 매우 중요한 요소로 작동한다. 마음가짐에 따라 이후의 행동이 결정되기 때문이다. 부정적 마음가짐을 갖고 있다면 부정적 생각을 떠올리고 부정적 행동을 하게 된다. 반면 긍정적 마음가짐을 갖고 있다면 긍정적 생각을 떠올리고 긍정적 행동을 하게 된다. 이 때문에 모든 것은 태도에 달려 있다는 말이 나온 것이다.

마음가짐이 얼마나 중요한지를 보여주는 사례를 들어보자. 어느 광산촌에 가난한 광부의 어린 아들이 있었다. 이 소년의 집은 고기를 일 년에 한두 번 밖에 먹지 못할 정도로 가난했다. 그러던 어느 날 소년의 친구가 난치병에 걸렸는데 수술을 받고 말끔하게 낫는 것을 보고 감동하여 의사가 되겠다고 결심했다. 소년이 자신의 결심을 아버지에게 말씀드렸더니, 아버지께서는 이렇게 말씀하셨다.

"너를 위해 모아 놓은 돈이 1억 원이 있다. 그걸 써도 좋다. 단, 그 돈은 네가 의학 공부를 마치고 의사가 되어 병원을 차릴 때 돈이 필요할 것이므로 그때까지는 손대지 않는 게 좋을 것 같다."

소년은 아버지의 따뜻한 배려에 감격했다. 소년은 가난한 집에서 변변한 옷도 제대로 못 사 입던 아버지가 자기를 위해 귀하게 저축한 돈을 함부로 쓰지 않으리라 생각했다. 이윽고 소년은 의학대학교에 진학했고 열심히 공부하여 의사 자격증을 땄다. 졸업식 날 아버지는 아들에게 이렇게 말했다.

"사실 내가 저축해 둔 돈은 하나도 없었단다."

아들은 처음에는 아버지가 무슨 말씀을 하시는지 이해할
수 없었지만, 나중에 그 의미를 알고 아버지와 함께 웃었다.
비록 아버지가 거짓말을 하였지만, 덕분에 소년은 항상 자기
가 필요할 때 쓸 수 있는 돈이 은행에 충분히 있다고 생각하며
지낼 수 있었던 것이다. 그런 부요한 감정이 소년에게 용기와
의욕을 심어 주어 의사가 될 수 있었다.

실제로는 없더라도 있다고 믿을 수 있다면 그것이 좋은 결
과를 가져올 수 있다. 사람은 마음가짐에 따라 행동이 달라질
수 있기 때문이다. 그렇지만 대부분의 사람은 이 소년과 반대
로 생각한다. 경제적으로 그다지 어렵지 않은데도 자기는 가
난하다고 생각한다. 그러니 늘 쪼들리며 가난하게 살아갈 수
밖에 없다. 모든 사람은 무한한 잠재의식을 가지고 있기 때문
에 잠재능력을 잘 활용하면 누구든지 원하는 것을 손에 넣을
수 있다. 그런 의미에서 잠재의식은 마음의 보물창고다. 필요
할 때 언제든지 빼 쓸 수 있기 때문이다. 옛 현자들은 이런 마
음을 무진장無盡藏의 창고라고도 했는데 이는 다함이 없을 정도

로 굉장히 많은 것이 꽉 차 있음을 나타낸다. 이것을 알았음에도 불구하고 잠재의식을 활용하지 않는 것은 어리석은 생각이 아닐 수 없다.

만약 당신이 워런 버핏을 따라 투자하면 억만장자가 될 수 있다는 정보를 들었을 때 어떤 기분이 들겠는가? 갑자기 가슴이 뛰고 가슴속 깊은 곳에서 용암처럼 들끓는 에너지가 느껴지지 않겠는가? 이러한 기분이 드는 것은 이 정보가 거짓이 아니라는 사실을 내가 인지했고 이 정보에 따라 나도 억만장자가 될 수 있다는 확신이 생겼기 때문에 가능한 것이다. 이와 마찬가지로 내가 설정한 목표를 달성할 수 있다는 자기 확신을 갖는다면 당신은 이미 성공한 것이나 다름없는 기분을 맛볼 수 있을 것이다.

그렇다면 어떻게 긍정적 마음가짐을 가질 수 있을까?

먼저 마음을 편하게 가지는 것이 중요하다. 인간의 마음은 물결과 같아서 조금만 바람이 불어도 요동치는 속성이 있다. 따라서 의지라도 늘 마음을 편안히 가지려는 노력이 필요하다. 사소한 일이나 과정에 연연하지 말아야 한다. 단지 단순하게 목표가 이루어진다고 확신을 갖고 행동하기만 하면 된다. 돈에 관한 문제든 직장에 관한 문제든 간에, 지금 문제가 있더라도 그 문제에 절절 매지 않고 원만히 해결된다고 생각하라. 그러면 긍정적 마음가짐을 흐트러뜨리지 않고 유지할 수 있다.

목표가 이루어졌을 때 어떤 기분이 들었는가? 그 느낌을 떠올려 보라. 이런 느낌이 잠재의식의 실현을 알 수 있는 시금석이라는 사실을 명심하라. 주관적으로 당신의 목표는 이미 달성된다는 느낌을 가져야 한다. 미래의 일이 아니라, 지금 이 순간에 실현되고 있는 일로 느끼면 된다. 성공하려면 성공한 사람처럼 행동하라는 것도 바로 이 이유 때문이다.

당신이 생각만 해도 뿌듯하고 가슴 벅찬 목표를 녹음한다면 머지않아 수많은 기회가 찾아오고 반짝이는 아이디어가 떠오를 것이다. 목표를 이루고 성공하기 위해서는 언제나 즐겁고, 감사하고, 행복한 마음가짐을 유지하는 것이 중요하다. 얼굴을 찌푸린 채 온갖 부정적인 말과 행동을 한다면 목표는 절대 성취할 수 없다.

좋은 생각을 하는 사람이든 싫은 생각을 하는 사람이든 인생의 순간순간에 수많은 기회를 만난다. 하지만 마음가짐에 따라 그 기회를 잡느냐, 못 잡느냐로 갈린다. 모든 일에 대해 언제나 즐겁고 행복한 마음으로 임하도록 노력해야 한다. 그래야 당신에게 수많은 성공의 기회가 찾아올 수 있기 때문이다. 이것은 심은 대로 거둔다는 인생의 진리 때문에 일어나는 결과다. 좋은 마음가짐을 심을 때 좋은 기회가 오고 나쁜 마음가짐을 심을 때 나쁜 기회가 온다. 기억하라. 미소 짓는 입꼬리에는 쉽게 기회가 걸린다는 사실을.

자기계발의 뛰어난 강사인 앤서니는 "일단 목표를 세우고 나면 어떻게 달성할 것인지는 고민할 필요도 없다"고 했다. 당신이 바라는 것을 녹음하고 이루어진 것처럼 행동하면 거기에 알맞은 기회와 행운이 스스로 다가오기 때문이다. 당신의 잠재의식이 당신의 지시에 따라 목표 달성을 위해 필요한 사람과 환경을 가져다 주기 때문이다.

녹음은 지금도 당신의 꿈과 목표를 이루도록 재생되고 있다는 사실을 기억하라. 녹음의 힘이 잠재의식에 미치는 영향을 믿어라. 아침에 눈뜨는 순간부터 성공하는 마음가짐으로 "나는 꿈과 목표를 이룬다!"라고 외치며 하루를 시작하라. 그러면 그날의 생각과 행동이 바뀌고, 습관이 변하고 인격이 달라진다. 건강과 부와 성공이 저절로 따라오는 비법이다.

말도 행동이다

　행동은 단지 몸만 움직이는 것이 아니다. 인간은 말하는 동물이기 때문에 말도 뒤따르게 된다. 따라서 말도 행동이라는 사실을 인식하고 행동으로 옮겨야 한다. 인간이 하는 행동 중 말이 차지하는 비중은 절대적이다. 말로써 의사소통하고 말로써 인간관계를 맺고 말로써 일하며 돈을 번다. 인간사회에서 말이 빠진다면 아마도 그것은 적막한 공동묘지와 같은 모양새가 되고 말 것이다.

성공한 사람들, 특히 정치인들이 말 때문에 하루아침에 망하는 뉴스를 자주 접할 수 있다. 그들은 고등 교육을 받고 사회적으로 명성을 얻었는데도 어떻게 말 때문에 패가망신할 수 있는 것일까? 고상한 단어만 사용할 것 같은 사람들인데 어떻게 막말이라는 커다란 실수를 할 수 있는 것일까?

말은 단지 한 글자에 지나지 않지만 엄청난 무게의 의미를 지니고 있기에 이런 일이 일어나는 것이다. 말실수는 비단 정치인들에게서만 일어나는 일이 아니고 대부분의 사람들에게서 거의 매일 일어나는 일이다. 남편이 말을 잘못해 아내의 가슴에 대못을 박는다. 교사가 말을 잘못해 학생의 가슴에 씻을 수 없는 상처를 남긴다. 이런 일들이 원근 각처에서 수도 없이 벌어지고 있다.

말 한마디로 천 냥 빚을 갚는다는 속담이 있을 정도로 말 한마디가 지닌 힘은 대단하다. 말 한마디로 사람을 죽일 수 있고 반대로 말 한마디로 사람을 살릴 수도 있다.

국민배우인 최불암은 청년 시절 연극에서 큰 실패를 맛보고 자살을 결심했다. 그래서 자신이 살고 있던 집의 다락방 창으로 투신을 시도하려고 했다. 그런데 갑자기 그 순간 "불암아, 노역老役은 널 따라올 배우 없다"라고 했던 대학교 선배의 말이 귓가에 떠올랐다. 그 한마디에 최불암은 꺼져가던 생명에 희망의 불씨를 살렸고 자살 시도를 멈추었다고 한다. 만약 선배의 그 말 한마디가 없었다면 오늘날 국민배우 최불암도 없었을 것이다. 말 한마디의 힘이 이처럼 대단한 것이다.

그런데 말실수를 하는 까닭은 말이 감정에서도 나오기 때문이다. 감정이 상해 있을 때 거칠고 공격적인 말이 나와 실수할 수 있다. 고학력의 정치인들이 말실수를 하는 까닭은 그들의 감정에 부정적 어둠이 드리워 있기 때문일 가능성이 높다.

좋은 말을 하기 위해서는 좋은 감정을 유지할 필요가 있다. 이를 녹음에 적용한다면 "나는 오늘 긍정적인 감정으로 좋은 말을 하고 있다"라는 문장으로 반복재생하면 어느새 내 입에서 좋은 말들이 나갈 수 있게 될 것이다.

말에는 힘이 있다

신이 우리에게 주신 최고의 선물 중 하나가 바로 말이다. 말로 모든 것을 열 수 있다. 기도의 말은 신과의 닫힌 문을 열어 주고 솔직한 말은 불신의 벽을 허물고, 반복적인 소원의 말은 꿈을 이루어준다.

앞에서도 이야기했듯이 사람의 말은 '소리'와 '의미'가 합쳐져서 생긴 매우 독특한 물리적이면서도 물리 이상의 초자연적인 현상을 나타내는 그 무엇이다. 이러한 말의 힘과 능력에 대해서 알아보는 여러 가지 과학적 실험들이 있다. 두 식물을 놓고 한 식물에는 저주하는 말을 퍼붓고 다른 식물에는 사랑한다거나 칭찬하는 말을 해 주면, 저주를 퍼부은 식물은 일찍 죽고 칭찬받은 식물은 싱싱하게 자라 열매를 잘 맺는 신기한 현상이 관찰된다. 또한 밥을 상대로 유사한 실험을 해도 저주받은 밥은 일찍 곰팡이가 피고, 칭찬 받은 밥은 훨씬 오랫동안 쉬지 않고 견딘다는 실험도 있다. 더욱 놀라운 것은 이것을 한국어로 하던 영어로 하든 아프리카어로 하든 간에 같은 결과로 나온다는 점이다.

이러한 현상이 나타나는 이유는 과학적 논리로 설명할 수 있다.

말은 공기를 매질로 하여 소리와 의미가 전달되는 역학적 파동이다. '의미를 내포한 말' 에너지가 파동 형태로 전달되는 것이다. 이것은 마치 라디오 방송국에서 음성을 담은 전파를 내보내는 것과 비슷한 원리다. 말 에너지는 이처럼 파동의 형태를 지니는데 놀랍게도 소리의 크기뿐 아니라 말의 의미에 따라 서로 다른 모양의 파동 형태를 나타낸다. 예를 들면 "사랑해"라는 말 에너지의 파동은 매우 부드러운 곡선을 가진다. 반면 "미워!"라는 말 에너지의 파동은 불규칙하고 뾰족한 형태를 나타낸다. 식물이나 밥은 사람 말의 의미에 반응하는 것이 아니라 파동 형태에 반응하여 앞선 결과가 나타났던 것이다.

이러한 결과는 사람에게도 그대로 적용된다. 상대에게 분노가 가득찬 말 에너지를 보내면 상대는 몸과 마음에 좋지 않은 파동 형태의 에너지를 받아 타격을 입게 된다. 거기에 사람은 말의 의미까지 알아들으니 분노 에너지는 상대의 마음에도 그대로 꽂혀 상처를 남기게 된다.

중요한 것은 사람을 상대로 하는 말은 여기서 그치지 않는다는 사실이다. 앞에서 말은 에너지 파동이라고 했다. 빛 에너지가 흡수 또는 반사되는 것처럼 말 에너지도 흡수, 반사되는 성질이 있다. 상대에게 타격을 입힌 말 에너지는 그대로 반사되어 나에게 되돌아온다. 이로 인하여 나도 상대와 같은 종류의 파동 에너지를 맞음으로써 타격을 입게 된다.

반대로 내가 사랑이 가득한 말 에너지를 상대에게 보낼 때도 마찬가지 현상이 일어난다. 사랑이 가득한 말 에너지는 몸에 좋은 파동 형태가 되어 상대의 몸에 닿으므로 상대의 몸에 이로움을 준다. 또 사랑의 의미가 상대의 마음에 전달되어 상대의 마음까지 훈훈하게 해 준다. 이러한 형태의 파동 에너지는 상대에게서 반사되어 그대로 나에게로 돌아오는데 이때 나의 몸과 마음에도 이로움을 주게 된다.

말은 또한 자신 스스로에게도 할 수 있다. 이때 말을 듣는 첫 대상은 내 몸의 청각이 된다. 들려온 말은 내 현재의식으로 전달되고, 이 말을 내가 받아들인다면 잠재의식으로까지 전달될 수 있다. 우리의 꿈과 목표는 하나의 생명체와 같다. 따라서 몸이 생명을 유지하기 위해서 밥을 먹어야 하듯이 꿈과 목표에도 매일 스스로에게 긍정의 말을 해 줘서 긍정 에너지가 전달되므로 잘 자라게 해 주어야 한다.

말은 각인 효과도 있어서 같은 말을 반복하면 그대로 이루어지는 성질이 있다. 암 환자에게 "감사합니다" "행복합니다"를 계속 반복해 말했더니 암세포가 사라졌다는 놀라운 이야기를 들은 적이 있다. 바보 온달도 평강 공주가 계속하여 '장군님'이라고 불러 줬더니 바보가 장군으로 변모하지 않았는가.

"또 떨어졌네…"

이것은 4차례나 사법시험에서 아깝게 떨어진 명문대학교 법대생이 한 한탄의 말이다. 이 사람은 더 이상 시험 볼 자신이 없어 직장에 들어갔지만 직장에서도 제 역할을 하지 못했다. 답답한 심정을 안고 심리치유사와 상담을 한 결과 트라우마가 있다는 것을 발견했다. 그 트라우마는 그의 어머니로부터 시작되었다. 어머니는 그가 무엇을 잘하든 못하든 늘 "빌어먹을 놈"이라고 말했다고 한다. 이 때문에 어느새 그의 마음속에는 자신이 '빌어먹을 놈'으로 각인되었던 것이다. 심리치유사는 이런 처방을 내렸다. '빌어먹다'에 점을 찍어 '벌어먹다'로 받아들이라는 것이다.

결과적으로 말은 씨앗이 되어 시간이 지나 그는 회사의 임원이 되었다고 한다. 말이 씨가 된다는 말은 이러한 이유 때문에 나온 것이다. 내가 무심코 내뱉는 말 한마디가 상대의 인생을 결정짓는 씨가 될 수 있으니 늘 조심해서 말하도록 노력해야 한다. 이제부터라도 당신의 자녀에게도 좋은 말을 반복해서 해 보라. 말의 긍정 에너지가 자녀에게 그대로 전달되어 위대한 자녀로 성장하게 해 줄 것이다. 긍정의 말로 목표를 녹음하고 반복재생하여 나에게 들려주면 말의 긍정 에너지가 잠재의식에 각인되어 우리의 목표가 이루어지는 것도 마찬가지 원리라 할 수 있다.

독일의 철학자 하이데거는 "인간은 언어의 주택에 살고 있으며 자신이 사용하는 언어 수준을 넘어서지 못한다"고 하였다. 즉, 인간 존재의 수준은 의식주와 같은 경제적 요소에 달려 있는 것이 아니라 사용하는 언어 수준에 의해 결정된다는 것이다. 실제 우리는 한 사람을 판단할 때 그 사람이 하는 말을 듣고 그 사람을 얼추 판단하기 마련이다. 그런 면에서 경제 수준만 높이려고 발버둥칠 것이 아니라 언어 수준을 높이기 위해서도 노력해야 할 것이다.

말은 다음과 같이 4가지의 위력을 가지고 있는데, 이것을 잘 활용하면 꿈과 목표를 이루는 데 큰 도움을 받을 수 있을 것이다.

첫째, 말에는 치유의 힘이 있다. 좋은 말에는 마음을 치유해 주는 파동이 나온다. 사랑 가득한 의사의 입에서는 좋은 말의 파동이 나오므로 어려운 환자도 살릴 수 있다.

둘째, 말에는 습관을 바꾸는 신비한 힘이 있다. 그래서 좋은 말은 습관을 변화하게 하므로 사람의 운명을 바꾸기도 한다. 드라마의 경우 주인공이 대사를 하다 보면 배역과 같은 운명에 처하기도 하는데 이것이 바로 말이 사람의 운명을 바꾸는 예다. 훌륭한 부모가 자녀에게 '널 믿어' '잘한다' '훌륭해' 같은 말을 습관적으로 하는 것은 자녀에게 성공의 에너지를 전하는 것이 된다.

셋째, 말에는 성취력이 있다. 언어학자들은 "똑같은 말을 만 번 정도 반복하면 현실로 이루어진다"고 말한다. 반복되는 언어로 말을 하면 뇌의 잠재의식이 자극되어 그 말을 현실화하기 위해 작동한다. 이와 같은 원리로 반복된 말은 현실로 이루어지는 것이다. 일본의 뇌 과학자 사토 도미오는 "뇌의 대부분은 의식보다 잠재의식이 차지한다"라고 했다. 말은 잠재의식을 자극한다. 자기암시요법의 창시자인 에밀 쿠에도 "입버릇처럼 말하는 것은 자율신경계에 자동으로 입력되며 인간의 몸은 입력된 그대로 실현하려 한다"고 하였다.

말한 대로 이루어진 사례는 셀 수 없이 많다. 일본에서 12년 연속 고액납세자인 사이토 히토리는 부자들의 습관을 관찰한 결과 긍정적인 말을 천 번하고, 재수가 좋다는 말을 천 번하였다고 한다.

넷째, 말에는 끌어당기는 견인력이 있다. 긍정적인 언어는 행운을 불러온다. 부정적인 언어는 불행을 불러온다. 악담하는 엄마의 젖을 먹은 아이는 장애아나 문제아가 될 확률이 높다고도 한다. 이러한 말의 견인력은 꿈을 이루는 데 큰 도움을 준다. 꿈과 관련된 긍정적 말을 반복함으로써 꿈과 관련된 일과 사람을 불러와 꿈을 이루도록 해 주는 것이다.

위에서 살펴본 말의 4가지 위력을 참고하여 당신이 원하는 꿈을 계속해서 되뇌어 보자. 잠재의식에 당신의 꿈을 각인하고 어떤 선택의 순간에서도 늘 당신이 꿈을 위한 결정을 내리도록 당신이 되뇌었던 말이 당신을 도울 것이다.

잠재의식에 좋은
습관의 집을 지어라

작심삼일作心三日이라는 유명한 말이 있다. 어떤 일이나 행동을 꾸준히 하기 힘들다는 데서 나온 말이다. 얼마나 꾸준히 하기 힘드냐면, 불과 3일도 꾸준히 하기 힘들다. 꿈을 향해 도전하는 사람들도 이 작심삼일 앞에서 자유롭지 못한 경우가 많다. 대개 계획까지 잘 세우나 행동에서 여지없이 무너져 버리고 만다. 왜 이런 결과가 나타나는 것일까? 만약 내가 이런 함정에 빠져 있다면 나의 나쁜 습관 때문일 수 있다. 사람은 누구나 좋은 습관도 있지만 나쁜 습관도 있다. 나쁜 습관을 빗대어 버릇이라고도 한다.

어떤 사람이 뛰어난 능력을 가지고 있었으나 지나치게 잘난 체하는 나쁜 습관을 가지고 있었다. 어느 순간부터 사람들이 그를 서서히 외면하기 시작했고 결국 그는 성공의 고지에 깃발을 꽂지 못하고 외톨이가 되고 말았다. 나쁜 습관은 나의 성공을 방해하는 주요인 중 하나다.

그렇다면 어떻게 나쁜 습관을 고치고 좋은 습관을 심을 수 있을까? 이를 이해하기 위해 우리는 다시 한번 인간 의식의 구조에 대한 이해가 필요하다.

심리학자들에 의하면 인간의 의식은 다음과 같이 현재의식, 잠재의식, 무의식의 구조로 되어 있다고 한다.

현재의식은 의식적으로 감각하고 생각하고 알고 느끼고 말하며 희노애락을 느끼는 등 현재 내가 의식하고 있는 모든 요소들이 포함된다. 이러한 현재의식은 전체 의식에서 빙산의 그림처럼 10% 이하의 영역을 차지하고 있다.

무의식은 현재의식이 인식하지 못하는 모든 요소들을 포함한다. 현재의식의 기억 공간에는 한계가 있기 때문에 포화된 기억은 무의식으로 넘어가게 된다. 이러한 원리로 무의식에

는 한 인간의 과거가 거의 대부분 저장되어 있다. 또한 무의식에는 기억 외에 본능, 욕구, 욕망, 기질, 본성 등 현재의식이 의식하지 못하는 나의 모든 것들이 들어 있다. 우리가 꿈을 꾸는 것도 무의식의 작동에 의해 일어난다. 무의식의 기억들이 잠든 사이 깨어남으로 의식이 생각지도 못한 영화의 세계들을 만들어 내는 것이다. 무의식은 전체 의식에서 빙산의 그림처럼 나머지 90% 이상의 영역을 차지하고 있다.

　잠재의식은 무의식 중에서도 현재의식과 더 가까이에 있는 어떤 의식이다. 물론 어떤 분야에서는 잠재의식과 무의식을 혼용해서 구별 없이 쓰기도 하고 어떤 분야에서는 이 둘을 구분하여 사용하기도 한다. 하지만 잠재의식이라는 용어가 중요한 이유는 바로 이곳에서 잠재능력이 발현되기 때문이다. 따라서 이 책에서는 무의식과 구분하여 잠재의식이라는 용어를 사용하도록 하겠다. 잠재의식에 대해서는 앞에서 충분히 설명한 바 있다.

이런 기준을 바탕으로 이제 습관에 대해 이야기해 보자. 습관은 우리의 의식 중 어느 곳에 위치해 있을까? 우리가 익숙한 길을 걸어갈 때는 내 의식이 어디로 가야하는지 생각하거나 느끼지 않는다. 그저 본능적으로 그 길을 찾아간다. 이것은 익숙한 길을 걸어가는 지식이 이미 내 잠재의식 속에 습관으로 자리잡았기 때문에 일어나는 현상이다. 이처럼 습관은 우리의 의식 중 잠재의식 속에 있다. '잠재의식은 습관이 머무르는 자리'라는 말이 이 때문에 생겨났다.

좋은 습관이든 나쁜 습관이든 습관은 잠재의식에 있다. 따라서 나쁜 습관을 고치려면 잠재의식의 허락을 받아야 한다. 예를 들어 게으름 부리는 습관을 가진 사람이 있다고 해 보자. 그는 이 나쁜 습관을 고치려고 습관에 관한 책도 읽고 강의도 들으면서 동기부여를 얻어 게으른 습관을 고치겠다고 굳게 마음먹었다. 그는 당장 습관 고치기 훈련에 돌입하였다. 이런 훈련은 현재의식 수준에서 일어난다. 현재의식은 뭔가를 하려고 하는 일을 담당하고 있다.

한편 현재의식이 이런 결심을 했을 때 잠재의식은 어떻게 반응할까? 이에 대한 대답은 당연히 "힘들어!"일 것이다. 왜냐하면 아직 잠재의식에는 게으른 습관을 고치라는 각인이 되어 있지 않기 때문이다. 잠재의식은 현재의식의 공간이 꽉 차 무게감을 느낄 때 이를 각인하여 받아들이는 역할을 한다. 현재의식을 가볍게 하기 위해(인체 과학적으로 보면 에너지를 최대한 적게 쓰기 위해) 인체가 본능적으로 작동하는 방식이기도 하다. 잠재의식에 게으른 습관 고치기는 각인되어 있지 않으므로 당연히 거부하게 되어 있다. 대신 잠재의식에 잘 각인돼 있는 게으른 습관은 더욱 치고 올라오려 할 것이다.

이제 현재의식과 잠재의식의 한판 대결이 벌어졌다. 과연 누가 이길까? 그 결과는 뻔하다. 물 위에 나와 있는 10%가 현재의식이고 나머지 물에 잠겨 있는 90%가 잠재의식이라고 했다. 이것은 승부가 되지 않을 정도의 차이다. 이러한 이유로 많은 사람들이 습관을 고치려고 굳은 결심을 하지만 대다수가 실패하고 만다. 이제 나쁜 습관이 잘 고쳐지지 않는 이유를 명확히 알게 되었는가?

　그렇다면 나쁜 습관을 고치는 방법은 없을까? 있다. 그것도 간단하다. 현재의식을 잠재의식에 각인할 수 있는 방법을 찾으면 된다. 그것이 바로 녹음이다. 녹음-반복재생을 통하여 현재의식을 잠재의식에 계속하여 주입하면 잠재의식은 결국 이를 허락하고 받아들이게 되어 각인하는 효과를 가져온다. 그런 후 나쁜 습관은 잠재의식에서 떠나게 되므로 습관이 고쳐진다. 그렇다면 게으른 습관을 고치고자 할 때의 녹음 문장은 어떻게 만들어야 할까? 다음 두 문장 중 골라 보라.

1) 나는 ○○월 ○○일까지 현재 게으른 습관이 고쳐져 있다.

2) 나는 ○○월 ○○일까지 현재 부지런한 사람이 되어 있다.

　1번 문장의 경우 게으른 습관이라는 부정적 단어가 포함되어 있다. 이는 부정형 이미지를 만들어 잠재의식을 깨우는 데 어려움을 겪을 수 있다. 2번의 경우 게으른 습관이 고쳐진 부지런한 내 모습이 그려져 있으므로 긍정적 문장이 될 수 있다. 이제 이 문장을 녹음한 후 무한 반복재생하면 이 뜻이 잠재의식에 각인되어 나쁜 습관을 고칠 수 있게 될 것이다.

좋은 습관을 만드는 것도 이와 마찬가지 방법으로 하면 된다. "같은 말을 2만 번 하면 그 말이 현실이 된다"는 인디언 속담을 항상 기억하라. 녹음의 방법을 사용하면 한 문장당 10초씩만 계산해도 하루에 8,640번이나 같은 말을 하게 된다. 이 기준이면 3일 만에 이미 2만 번 넘게 같은 말을 하는 셈이다.

그렇다면 행동에 관한 습관은 얼마나 반복해야 잠재의식에 습관으로 자리매김할 수 있을까? 이에 대한 연구결과가 있다. 영국 런던 대학교에서 실험한 결과 특정행동을 66일간 반복하면 습관이 된다는 사실을 발견하였다. 예를 들어 어지르고 정리 안 하는 습관을 고치기 위해 66일 동안 정리하도록 했더니 더 이상 어지르지 않고 정리하는 습관이 생기더라는 것이다. 물론 이 66일이라는 숫자는 평균치며 이보다 더 빨리 습관이 만들어지는 사람도 있고 더 늦게 습관이 만들어지는 사람도 있다.

실제 작가가 되기 위한 꿈을 꾸던 사람이 아침형 인간이 되기 위해 매일 새벽 4시에 일어나는 행동을 3개월 정도 했을 때 이것이 습관이 되어 지금은 새벽 4시만 되면 저절로 눈이 떠지게 되었다는 이야기도 있다. 즉, 행동습관을 고치기 위해서는 최소 두 달에서 100일 정도까지 꾸준히 같은 행동을 반복하면 습관으로 자리잡을 수 있다는 결론을 얻을 수 있다.

새로운 행동습관을 만들기 위해서는 녹음-반복재생과 함께 66일 반복 행동하기의 노력을 병행하면 도움을 받을 수 있다. 물론 녹음-반복재생이 잠재의식을 자극하여 66일 반복 행동하기에 큰 도움을 줄 수 있을 것이다.

꿈과 목표를 이루기 위해 가져야 할 좋은 습관

꿈과 목표를 이루기 위해 가져야 할 좋은 습관에는 어떤 것들이 있을까? 당신이 단지 꿈을 이루는 것을 넘어 성공까지 꿈꾼다면 유능과 성실을 무기로 갖추어야 한다. 유능하지 않으면 성공할 수 없고 성실하지 않아도 성공할 수 없기 때문이다. 성실하지 않은 유능으로 성공했거나, 유능하지 않은 성실로 성공했다면 그 성공의 기간은 짧게 끝날 가능성이 높다(사실 유능하지 않은 실력으로 성공하기도 쉽지 않다).

이 유능과 성실을 무기로 갖추기 위해 필요한 습관은 공부하는 습관과 부지런한 습관이다. 공부하는 습관이 있어야 실력을 갖출 수 있고 부지런한 습관이 있어야 성실할 수 있다. 따라서 공부하는 습관과 부지런한 습관이 부족한 사람은 이 습관들을 갖추기 위해 노력해야 한다.

공부하는 습관을 갖추기 위해 다음과 같은 문장으로 녹음하면 도움을 받을 수 있다.

"나는 ○○월 ○○일까지 현재 공부하는 습관을 가진 사람이 되어 있다."

이 문장을 녹음하고 반복재생하여 보라. 지속적인 반복을 통하여 잠재의식의 도움을 받고 우주 공명 에너지의 도움을 받아 습관을 키울 수 있게 될 것이다. 물론 이 기간 동안 행동 습관이 생길 수 있도록 최소 66일 동안 꾸준히 공부하는 노력도 병행해야 할 것이다.

다음으로 부지런한 습관을 갖추기 위해 다음과 같은 문장으로 녹음하면 도움을 받을 수 있다.

"나는 ○○월 ○○일까지 현재 부지런한 습관을 가진 사람이 되어 있다."

이렇게 문장이 완성되었다면 녹음하고 반복재생하기만 하면 된다. 물론 이것도 습관 만들기이므로 이 기간 동안 행동 습관이 생길 수 있도록 최소 66일 동안 반복하여 부지런한 행동을 하는 노력도 병행해야 한다.

녹음으로 긍정적
언어습관을 키워라

앞에서 사람의 행동 중 말이 차지하는 비중이 얼마나 큰지 이야기했다. 그리고 꿈과 목표를 이루기 위해서는 긍정적 언어를 사용해야 한다고 이야기했다. 그러나 안타깝게도 보통의 사람이 사용하는 언어는 온갖 부정적 말투로 점철돼 있다. 다음에 평소 우리가 자주 사용하는 말들을 열거해 놓았다.

"너 때문에 내가 못 살아."

"살이 왜 이렇게 빠졌어요, 어디 아프세요?"

"점수가 도대체 이게 뭐야, 너 학원비 들어가는 돈이 얼마
 인지나 알아?"
"거봐, 내 그럴 줄 알았어."
"더러워서 못 해먹겠다."
"힘들어 죽겠다."
"오늘 왜 되는 게 하나도 없냐."
"그거? 난 예전부터 알고 있던 건데?"
"아, 짜증나!"

이 말들은 평소 주변에서 쉽게 들을 수 있다. 그런데 이런
말들의 문제는 모두가 부정적 의미를 담고 있다는 데 있다. 부
정적 말들은 부정적 파동의 에너지를 쏟아내므로 꿈을 이루
는 데 방해요소로 작동하게 된다. 따라서 이런 말투들은 반드
시 긍정형 언어로 고쳐야 한다. 그래야 긍정적 에너지를 잠재
의식에 심어줄 수 있기 때문이다.

하지만 한 사람의 언어습관을 고친다는 것은 쉬운 일이 아
니다. 대개 청소년기가 지나면 언어습관도 그대로 굳어지게
마련이다. 언어습관은 거의 수십 년 행해 온 습관이라 고친다
는 것은 거의 어렵다. 이 때문에 대부분의 사람들은 평생 같은

언어습관으로 살아가게 된다.

하지만 현재의식이 불가능하다고 여기는 것도 잠재의식을 작동하면 가능하게 되는 법이다. 언어습관도 녹음의 원리를 통하여 충분히 고칠 수 있다. 긍정적 언어습관을 갖추기 위해 다음과 같은 문장으로 녹음해 보자.

"나는 ○○월 ○○일까지 현재 긍정적 언어습관을 가진 사람이 되어 있다."

이 녹음 문장을 반복재생하면서 이제 부정적 언어를 긍정적 언어로 돌리는 행동을 최소 66일 동안 반복하는 연습을 해 보자. 앞의 문장들은 다음과 같이 긍정형 문장으로 바꿀 수 있을 것이다.

"너 때문에 내가 못 살아." → "내가 좀 더 노력할 테니 함께 잘해 보자."

"살이 왜 이렇게 빠졌어요, 어디 아프세요?" → "좀 날씬해진 것 같네요. 보기 좋아요."

"점수가 도대체 이게 뭐야, 너 학원비 들어가는 돈이 얼마인지나 알아?" → "점수가 좀 떨어져 힘들겠구나. 푹 쉬고 다음엔 파이팅하기!"

"거봐, 내 그럴 줄 알았어." → "다음엔 잘할 수 있을 거야."

"더러워서 못 해먹겠다." → "오늘은 일이 잘 안 됐지만 다음엔 잘할 수 있을 거야."

"힘들어 죽겠다." → "오늘 좀 힘드네, 푹 쉬고 다시 힘내야지."

"오늘 왜 되는 게 하나도 없냐." → "오늘은 일이 잘 안 됐지만 내일은 더 나아질 거야."

"그거? 난 예전부터 알고 있던 건데?" → "와, 그런 것도 알고 있다니 대단한데!"

"아, 짜증나!" → "마음에 좀 안 드는 부분이 있지만 이 정도는 괜찮아."

아마 긍정적 말에 익숙하지 않은 사람은 부정형 문장을 긍정형 문장으로 바꾸는 것이 쉽지 않을 것이다. 이럴 때 말의 관점을 '나'에서 '너'로 바꾸는 연습을 하면 의외로 쉽게 부정형 문장을 긍정형 문장으로 바꿀 수 있게 된다.

위의 부정형 문장들을 자세히 살펴보면 모두 말의 주체가 '나 중심'으로 되어 있음을 발견할 수 있다. 나 중심은 다른 말로 이기적 나라고 표현하기도 한다. 이기적 나로 살고 있는데 상대가 내 맘에 안 들게 행동하거나 나에게 피해를 주니 부정적 표현들이 쏟아져 나오게 되는 것이다.

반대로 긍정형 문장들을 자세히 살펴보면 모두 상대 입장에서 상대를 배려하는 마음이 깃들어 있음을 알 수 있다. 상대 입장에서 상대를 배려하는 마음이 있으니 "내가 좀 더 노력할 테니 함께 잘해 보자" "다음엔 잘할 수 있을 거야" "오늘은 일이 잘 안 됐지만 다음엔 잘할 수 있을 거야" 등의 긍정적인 말을 할 수 있는 것이다.

성공하는 사람은 성공하기 위한 행동을 취한다. 성공하기 위한 행동을 취할 때 잠재의식은 우리를 성공한 사람으로 인식하여 성공의 길을 인도한다. 우리는 성공한 모습을 이미 녹음-반복재생하여 잠재의식을 작동시키고 있으므로 충분히 성공 행동을 취할 수 있다. 이처럼 성공 행동은 우리를 확실히 성공으로 인도해 줄 것이다. 추호의 의심도 없이 이것을 믿고 일상생활에서 이미 성공한 모습으로 행동하기만 하면 된다.

5단계

성취

성공한 사람은
과거의 성취보다 다소 높게
그러나 과하지 않게
다음 목표를 세운다.

◆

로크

성공의 길목에서
성취의 경험이 중요하다

꿈을 이루는 과정에서 행동이 3부능선이라면 성취는 9부능선이라고 할 수 있다. 처음 산을 오를 때 3부능선까지가 매우 힘들다. 갑자기 오르막을 오르려 하니 숨도 차고 땀도 나고 힘도 들기 때문이다. 이 힘듦 때문에 행동의 단계에서 이미 많은 사람이 떨어져 나간다.

하지만 3부능선을 넘고 나면 산을 오르기가 훨씬 수월해진다. 이것은 체육학에서 말하는 '사점死點'을 지나기 때문에 일어나는 현상이다. 사점이란 운동을 시작하고 얼마의 시간이 지낮을 때 부하가 커지면서 심폐호흡이 굉장히 고통스럽고 숨이 차오르는 지점을 말한다. 이러한 사점이 왔을 때는 무리하지 말고 페이스 조절을 잘하면 어느새 호흡이 안정되면서 힘도 덜 들며 오히려 몸이 가벼워지는 느낌이 온다. 그래서 상쾌한 기분으로 계속하여 산을 오를 수 있게 된다. 이와 마찬가지로 꿈을 이루는 과정에서도 행동의 사점에서 페이스를 잘 조절하는 것이 중요하다.

행동의 사점을 잘 극복했다면 이제 성취의 9부능선을 향해 힘차게 내달릴 수 있게 된다. 성취란 목적한 바를 이루는 것으로 성공의 하위개념이다. 이러한 성취가 쌓이면서 결국 성공의 고지에 오르게 되는 것이다. 그런데 성취의 9부능선에 도달하기 위해서는 또 몇 번의 사점을 더 극복해야 한다. 그래야 비로소 맛볼 수 있는 것이 성취이기 때문이다. 안타깝게도 성공을 향해 달리는 많은 사람 중 이러한 성취를 맛보지 못해 포기하는 사람들도 제법 많다.

성취의 9부능선을 넘은 사람이라면 이제 성공의 길은 거의 보장돼 있다고 해도 과언이 아니다. 꿈을 이루는 과정에서 단 한 번이라도 성취를 경험하는 것은 매우 중요한 문제로 다가온다. 성취의 맛은 경험해 본 사람만이 알 수 있다. 성취감의 맛은 너무 달콤해 절대 중간에 포기하지 못하게 만든다. 그래서 또 그다음의 성취를 이뤄 내고, 다시 그다음의 성취를 이뤄 내며 결국 성공의 고지에 올라서고야 마는 것이다.

만약 당신이 아직 한 번도 성취를 경험해 보지 못한 사람이라면 이제 녹음의 원리가 당신을 성취의 경험으로 인도해 줄 것이다. 당장 당신의 꿈과 목표를 녹음해 보라. 그리고 반복재생하면서 우주의 힘과 잠재의식의 힘에 당신의 모든 것을 맡겨 보라. 그러면 당신은 처음으로 성취의 기쁨을 맛볼 수 있게 될 것이다. 그리고 그 첫 성취감이 이어져 결국에는 성공의 고지에 올라설 수 있게 될 것이다.

녹음은 당연히 성취된다는
믿음을 가져라

녹음의 원리는 마치 신앙과 비슷한 측면이 있다. 믿음을 강조하기 때문이다. 사실 이 책에서 양자 얽힘이나 우주의 공명 에너지, 잠재의식 등과 같은 과학 이론과 심리학 이론을 적용한 것은 녹음의 원리에 대한 믿음을 더해 주려는 숨은 의도가 있었다. 믿음이란 억지로 믿는다고 해서 생기는 것이 아니라 논리적 이해가 되어서 그것이 완전히 내 것으로 받아들여질 때 생기는 것이기 때문이다.

믿음의 의미를 혼동하는 사람들이 의외로 많다. 예를 들어 종교에서는 병이 낫기 위해 기도할 때 믿음을 강조하는데 믿음이 있는 사람들은 나을 수 있고 믿음이 없는 사람들은 나을 수 없다고 하기도 한다. 그래서 믿음을 가지려고 온갖 노력을 다하는데 어떨 때는 믿음이 있는 것 같기도 하고 어떨 때는 믿음이 없는 것 같기도 하며 혼동한다.

한편 믿음의 정확한 사전적 의미는 "의심하지 않고 사실로 여기다"이다. 예를 들어 컵을 보고 이게 컵이 아니라고 여기는 사람은 없다. 명확히 눈에 보이므로 컵이라고 믿는다. 이처럼 현재 시점에서 이미 우리가 사실로 여기고 있는 것들에 대한 믿음은 누구나 다 가질 수 있다.

과거 시점에 대한 믿음은 현재 시점보다는 약할 수 있다. 내가 직접 눈으로 보고 확인한 것이 아니기 때문이다. 그럼에도 불구하고 역사의 기록물(글, 사진, 그림, 유적, 유물 등)이 있다면 그것을 보고 내 이성이 그것을 사실로 받아들여 믿을 수 있다. 그래서 우리는 세종대왕, 이순신 장군 등이 실존했다고 절대적으로 믿고 있지 않은가.

문제는 미래 시점의 일에 대한 믿음이다. 아직 일어나지 않은 일이기에 그것을 의심하지 않고 사실로 여기기란 쉽지 않다. 만약 그 일이 이루어질 것이라고 믿고 있다면 그것은 바람이나 희망이지 믿음은 아니다. 믿음에 대하여 사람들이 혼동하는 부분이 바로 이 지점이다. '내가 바라는 그 일이 이루어질 거야'라고 생각하고 있다면 이것은 희망이지 믿음이 아니다.

미래의 소원에 대한 진짜 믿음은 미래의 소원이 이루어진 것을 의심하지 않고 사실로 여긴다는 상태다. '이루어질 것'이 아니라 '이루어진 것'이란 말에 주목하라. 믿음은 미래형이 아니라 현재형이다. 믿음은 비록 미래 시점의 일이라도 현재 시점으로 이루어진 일이라 생각하는 마음인 것이다.

어떻게 아직 일어나지 않은 미래의 일이 이루어진 것이라고 믿을 수 있을까? 현재의식으로는 절대 이런 믿음을 가질 수 없다. 하지만 잠재의식의 힘을 빌리면 가능하다. 잠재의식은 모든 것을 현재 시점으로 받아들이는 특성이 있기 때문이다.

내가 바라는 미래의 꿈과 소원을 잠재의식에 계속 반복하여 주입해 보라. 무한 반복으로 잠재의식에 이를 각인하는 순간, 잠재의식은 미래의 꿈과 소원을 현재의 상태로 인식하여 현재 그 꿈과 소원이 이루어진 모습으로 인식하기 시작한다. 현재 내 꿈과 소원이 이루어진 것으로 인식한다는 것은 현재 내가 이것을 의심하지 않고 사실로 여기는 순간이 되므로 이 것은 진짜 믿음이라 할 수 있다. 녹음을 반복재생함으로써 미래 꿈에 대한 믿음을 가지게 되는 것은 이런 원리로 형성되는 것이다.

미래의 꿈을 믿는 '믿음'은 개인의 타고난 기질에 따라 차이가 있다. 이런 믿음을 쉽게 가지는 사람이 있는가 하면 쉽게 가지지 못하는 사람도 있다. 하지만 잠재의식을 자극하는 후천적 학습에 의한 녹음의 원리를 이용한다면 믿음을 잘 가지지 못하는 사람까지 믿음을 가질 수 있다고 확신한다. 이것은 그동안 필자가 무수한 사람을 대상으로 녹음의 원리를 적용하여 믿음을 갖는 것을 직접 목격하였기 때문에 감히 말할 수 있다.

만약 당신이 이런 녹음의 원리를 통하여 어떤 한 목표에 대해 믿음을 갖게 되었다면 이제 그 믿음은 점점 확장되어 갈 것이다. 또 녹음의 원리를 통하여 성취의 기쁨까지 맛보게 될 때 녹음을 하면 당연히 성취된다는 믿음의 수준에까지 도달할 수 있게 될 것이다.

녹음 후에 녹음 내용이 성취될 거라는 긍정적인 마음에만 머무르는 사람이 있다. 하지만 긍정적인 마음만 가지고는 부족하다. 당연히 성취된다는 확고한 믿음을 가져야 한다. 긍정적이라는 것은 무엇인가 성취될 거라는 희망과 같은 기대감이다. 희망은 녹음이 성취되었으면 좋겠다는 바람이므로 성취가 되지 않았을 경우 맥이 빠질 수 있다. 우리는 바로 이 긍정적인 마음, 잘될 거라는 희망으로 인해 실패하고 사기를 당하는 것이다. 친구에게 돈을 빌려주면서 그 친구는 평상시 신용이 좋으니까 돈을 갚을 거라는 긍정적인 생각 때문에 후에 친구가 돈을 갚지 않으면 친구도 잃고 돈도 잃는 것이다.

긍정의 마음도 희망도 넘어서는 것이 바로 믿음이다. 믿음의 절대온도 앞에 잔꾀나 사기는 녹아버리고 만다. 단 1%의 부정도 없이 녹음이 당연히 성취된다는 믿음을 가져 보라. 녹음을 하고 잠재의식이 받아들이면 무한능력을 가진 잠재의식이 당연히 성취해 낸다는 믿음을!

목표에 대한 집착을
내려놓아라

잠재의식에 목표를 각인하기 위해서 메모나 이미지를 수시로 읽거나 상상하는 사람들이 있다. 어떤 사람이 '나는 하루 100만 원을 번다'는 문장을 만 번 이상이나 적는 것을 보기도 했다. 노력이 가상하지만, 이것은 일반 사람이 따라할 수 있는 방법이 아니다.

그런 면에서 녹음의 방법은 녹음된 목표가 반복재생하면서 잠재의식에게 하루에 수천 번씩 그 목표를 계속 주입하고 있으므로, 목표가 자연스럽게 잠재의식에 각인되는 효과가 있다. 즉, 녹음의 방법은 우리가 손쉽게 목표를 실현할 수 있는 최선의 방법이 될 수 있는 것이다.

그런데 녹음하는 것이 쓰거나 보는 것보다 효과가 덜할 것이라 생각하여 자기가 직접 실천하는 방법에 집착하는 사람들이 많다. 필자는 그중 많은 사람이 목표를 이루지 못하고 실패로 끝내는 경우를 무수히 보았다.

왜 이런 결과가 나타나는 걸까? 그것은 티핑포인트Tipping Point와 관련있다. 티핑포인트란 어떤 일이 진행되다가 갑자기 어느 순간 급격하게 변하기 시작하는 순간을 뜻한다. 예를 들어 물이 99도씨까지 별 반응이 없다가 100도씨가 되는 순간 갑자기 펄펄 끓으며 수증기로 변하는 현상도 티핑포인트의 일종이라 할 수 있다.

성취도 마찬가지다. 100도씨까지 도달해야 비로소 성취를 경험할 수 있는데 대부분 90도씨가 되기도 전에 지쳐버리거나 매너리즘에 빠져 노력을 멈추어 버리므로 성취를 경험할 수 없게 되는 것이다. 가장 안타까운 것은 정말 어렵게 99도씨까지 도달했는데 마지막 1도씨를 올리지 못한 채 멈추는 사람들이다. 인디언 속담처럼 꿈을 2만 번 말해야 꿈이 이루어진다고 했을 때 1만 9999번까지는 했는데 마지막 한 번을 말하지 못해 꿈을 이루지 못하는 사람도 있다.

이런 문제가 생기는 이유는 현실 능력의 한계 때문이다. 성취란 티핑포인트를 넘어설 때 맛볼 수 있는 것인데 대부분 티핑포인트에 도달하지 못한 채 행동을 중단하기에 성취에 이르지 못하는 것이다. 보통 사람이 이러한 티핑포인트, 즉 극적인 순간에 도달하기 위해서는 현실적 능력만으로는 불가능하다. 현실 능력을 넘어서는 그 이상이 필요하다.

이러한 능력은 잠재능력에서 보충해야 하는데, 그래서 잠재의식에 꿈을 각인하는 것이 필요하다. 이러한 이유로 녹음이 필요한 것이다. 녹음 내용을 무한 반복재생하여 꿈을 잠재의식에 주입할 수 있으므로 나도 모르는 사이에 티핑포인트를 넘어설 수 있으며 자연스럽게 성취의 기쁨을 맛볼 수 있다.

여기서 중요한 점은 녹음한 후에는 녹음 내용이 실현되기 전까지 목표 실현에 너무 매달리지 않아야 한다. 이것은 목표를 잊어버리라는 의미가 아니다. 우리가 간절히 원하는 목표는 이미 설정되어 있으며 비가 오나 눈이 오나 꾸준히 잠재의식에 주입되고 있으므로 그 내용은 당연히 실현될 것이라는 믿음을 가지고 거기에 나를 맡긴 채 따라가라는 뜻이다.

집착이란 어느 하나에 병적으로 매달리는 것을 뜻한다. 내가 목표에 집착하는 순간 나는 목표의 노예가 된다. 목표의 노예가 되어서는 절대 이를 달성할 수 없다. 이것은 마치 사랑하는 사람에게 집착할 때 그 사람이 떠나가 버리는 것과 같은 이치다.

진정으로 목표를 이루고자 한다면 내가 목표의 주인이 되어야 한다. 그때 목표는 비로소 내 것으로 다가온다. 주인은 자기가 가진 보물을 아낀다. 이처럼 목표의 주인이 목표를 아끼므로 목표는 내 곁으로 다가오게 되는 것이다. 목표에 집착하지 말라는 이유는 바로 이런 뜻에서 한 말이다. 목표의 주인이 되는 방법은 목표를 완전히 내 것으로 각인하는 것이다. 이는 녹음의 방법으로 내 잠재의식에 각인할 수 있고 나는 목표의 주인이 되어 목표를 이룰 수 있게 된다.

녹음-믿음-행동-성취의 순환 원리

녹음은 '녹음-믿음-행동-성취'의 순환 원리로 당신의 꿈을 이루게 해 준다. 이때 믿음의 단계에서 당신이 먼저 믿겠다고 달려들어서는 안 된다. 믿음은 내가 억지로 믿겠다고 해서 생기는 것이 아니다. 믿음과 관련된 지식과 정보를 받아들이고 그것이 경험이나 사실에 의해 실제로 내 마음에 증명될 때 믿음은 자연스럽게 형성된다. 녹음은 당신의 잠재의식에 당신의 목표를 주입하고 이루어지게 함으로써 자연스럽게 믿음을 형성하도록 해 준다. 따라서 당신이 믿음을 갖고자 한다면 "믿습니다"라고 억지로 되뇌일 것이 아니라 그냥 녹음의 원리에 자신을 맡기기만 하면 된다. 이것은 마치 종교에서 신에게 모든 것을 맡기는 것과 비슷하다.

녹음에 대한 믿음을 갖기 위해서는 녹음의 원리에 대한 지식과 정보를 완전히 내 것으로 받아들이는 노력이 필요하다. 이 책에서 제시하는 녹음과 우주 공명 에너지와의 관계, 녹음과 잠재의식과의 관계, 잠재의식에 대한 충분한 이해 등의 지식이 필요한 것이다. 따라서 이 책을 한 번 읽고 넘어갈 것이 아니라 완전히 이해될 때까지 계속해서 읽는 노력이 필요하다. 완전한 이해가 될 때 그것이 내 지식으로 받아들여지기 때문이다.

녹음을 한 후 믿음의 단계를 넘었다면 이제 당신은 걱정할 필요가 없다. 녹음에 대한 신뢰는 당신에게 믿음을 더해줄 것이며 이러한 믿음은 당신의 생각, 즉 사고방식과 가치관 등에 각인되어 당신을 믿음대로 행동하게 만들 것이기 때문이다. 진짜 믿음은 반드시 행동을 동반하게 되어 있는데 그 이유는 믿음에 의해 한 인간의 사고방식, 가치관이 결정되기 때문이다. 인간은 자신의 마음에 새겨진 사고방식, 가치관대로 행동하게 되어 있다.

믿음은 미래의 일이 현재시제로 이루어진 것이라 믿는 마음이기 때문에 반드시 그 일이 이루어지도록 내 몸을 움직여 행동하게 만드는 힘을 발휘한다. 이런 원리로 믿음은 꿈을 이루어지게 한다. 예를 들어 플라시보 효과 *placebo effect*라는 게 있는데 이것은 환자가 위약(가짜 약)을 진짜 약으로 생각하고 먹었을 때 병이 낫는 효과를 뜻한다.

진짜 약을 먹지 않았는데 어떻게 병이 나을 수 있을까? 그것은 가짜 약을 진짜 약이라고 믿었기 때문이다. 이것은 병이 정신적인 믿음으로도 나을 수 있음을 증명하는 것이다. 어떻게 믿음으로 병이 나을 수 있을까? 믿음이 나로 하여금 마치 나은 것처럼 행동하게 함으로써 내 몸의 변화까지 이끌어 내기 때문이다.

믿음이 나타내는 신비는 이뿐만이 아니다. 예를 들어 상상임신은 실제로는 임신하지 않았음에도 임신한 것처럼 입덧도 하고 생리도 끊기는 현상이 나타나는 것을 말한다. 어떻게 이런 일이 일어날 수 있을까? 내가 임신한 것을 믿어 의심치 않고 행동하기에 뇌는 그것을 기정사실로 받아들여 임신과 관련된 각종 생리현상이 일어나는 물질을 분비하도록 지시하기 때문에 임신과 똑같은 생리적 현상이 나타나는 것이다.

이 반대의 현상으로 임신거부증이라는 게 있는데 이것이 나타내는 현상은 더욱 놀랍다. 자신이 임신한 줄도 모르고 지내다가 어느 날 화장실에서 볼일을 보는데 갑자기 아이가 쑥 나왔다는 뉴스가 보도된 적이 있었다. 전문가들은 이러한 일이 임신거부증 때문에 나타난 현상이라고 분석했다. 즉, 산모가 자신은 임신하지 않았다고 믿고 있었기 때문에 실제로 출산 직전까지 임신과 관련된 그 어떤 생리적 현상도 일어나지 않은 것이다. 생리가 멈춘 것은 물론이고 입덧, 심지어 배가 불룩해지는 일도 일어나지 않았다. 어떻게 이런 일이 가능할 수 있을까? 임신을 하지 않았다는 확고한 믿음이 나를 그렇게 행동하도록 이끌었으며 이에 뇌도 동조하여 신체가 임신과 관련된 신호를 보내지 않으므로 임신과 관련된 생리적 현상이 일어나지 않았던 것이다.

믿음이 발휘하는 힘이 놀랍지 않은가? 믿음은 단지 사실을 믿는 차원에 머무는 추상적 현상이 아니다. 실제 행동하게 만들어 변화를 이끄는 최고의 에너지다. 믿음은 자연스럽게 행동을 이끌어 낸다. 이제 행동이 쌓이면 원하는 목표를 달성하는 성취의 기쁨을 맛보게 된다. 목표 하나를 성취한 사람은 다시 다음 목표를 녹음하게 되고 다시 이 목표에 대한 믿음을 갖게 되며 자연스럽게 행동-성취의 경험을 맛보게 된다.

이렇게 작은 성취들이 쌓이다 보면 어느새 성공의 고지에 우뚝 올라서 있게 된다. 즉, 녹음은 녹음-믿음-행동-성취의 반복된 사이클을 통하여 한 사람이 꿈을 이루고 성공의 고지에 올라서게 해 주는 마법과 같은 놀라운 도구인 것이다.

결국 운칠기삼運七技三이다

"천재는 99%의 노력과 1%의 영감으로 완성된다."

이 말은 발명왕 에디슨의 명언 중 최고의 명언으로 꼽히는 말이다. 여기서 천재는 성공한 사람을 상징하는 말이기도 하다. 따라서 이 명언을 "성공한 사람은 99%의 노력과 1%의 영감으로 완성된다"로 표현할 수도 있을 것이다.

그런데 이 문장을 접할 때 거의 대부분의 사람들은 노력하는 자만이 성공할 수 있다는 뜻으로 받아들인다. 그렇다면 과연 노력만 한다면 성공할 수 있는 것일까? 그렇지 않다. 사실

에디슨은 이러한 말을 할 때, 1%의 영감이 없다면 천재가 될 수 없다는 것을 의미하고자 했다. 노력으로 따지면 우리나라에서 성공한 사람이 다른 나라에 비해 훨씬 많이 나와야 한다. 왜냐하면 우리나라 사람들은 늘 노력하며 살기 때문이다. 그러나 노력만으론 한계가 있다.

우리나라 사자성어인 '운칠기삼 運七技三'은 운이 7이고 기(노력)가 3이란 뜻이다. 선조들은 성공하려면 노력보다 운이 따라야 한다는 것을 알고 있었던 것이다.

에디슨의 명언과 우리나라 사자성어를 종합할 때 노력만으로는 성공하기 힘들다는 결론에 도달할 수 있다. 성공을 위해서는 반드시 1%의 영감이나, 70%의 운이 따라주는 등 노력에 + α가 있어야 한다는 이야기다. 실제 성공한 사람들의 이야기를 들어보면 "운이 따라주었던 것 같습니다"라는 말을 많이 한다. 성공을 향해 가는 과정에서 전혀 예상하지 못한 사람의 도움이 있다든지, 갑자기 어떤 일이 생겨 인기를 끌게 되었다든지 등 운이 따라주는 사건이 있었다는 것이다.

녹음의 원리도 이와 같다. 녹음의 반복재생은 나의 잠재의식과 우주에 각인되므로 나도 모르는 운들이 다가오게 하는 힘(사실은 끌어당김의 법칙에 의해)을 폭발시킨다. 또한 녹음은 믿음을 갖게 하므로 나도 모르게 행동을 이끌어 내는 힘도 가진다. 즉, 녹음은 운과 노력을 모두 나타나게 하므로 한 사람의 꿈을 이루어 주게 한다. 그러니 당신이 정말 꿈을 이루고자 한다면 녹음-반복재생을 실행하는 것을 강력히 권고한다.

성취의 속도 차이는
간절함의 차이다

간혹 이런 질문을 받는 경우가 있다.

"녹음의 반복재생을 얼마 동안 해야 꿈이 이루어집니까?"

만약 녹음의 법칙이 말콤 글래드웰이 저술한 《아웃라이어》에서 나온 1만 시간의 법칙(어떤 분야에서 성공의 경지에 오르기 위해서는 적어도 1만 시간 이상은 투자해야 한다는 법칙)이나 인디언 속담의 '2만 번 말하면 그 말이 이루어진다'고 했던 2만 번처럼 횟수가 딱 정해져 있다면 얼마나 좋겠는가. 딱 그만큼만 투자하면 될 테니까 말이다.

하지만 인간은 녹음-반복재생의 횟수를 원하지만 자연은 횟수를 정하지 않는 법이다. 자연이 녹음-반복재생에 횟수를 정하지 않는 까닭은 공평함의 법칙을 지키기 위함에 있다. 생각해 보라. 10의 실력을 가진 사람과 1의 실력을 가진 사람이 녹음에 똑같은 시간을 투자했는데 똑같은 결과가 나온다면 이는 공평하지 않게 되는 것 아닌가. 10의 성실성을 가진 사람과 1의 성실성을 가진 사람이 녹음에 똑같은 시간을 투자했는데 똑같은 결과가 나온다면 이 역시 공평하지 않게 되는 것 아닌가.

세상에 같은 인간은 단 한 사람도 없다. 개인에 따라 모두 차이가 있다. 이에 녹음이 이루어지는 시간도 개인에 따라 차이가 있을 수밖에 없다. 따라서 모든 인간을 대상으로 녹음의 반복재생을 얼마만큼 해야 꿈이 이루어진다는 공식 같은 것은 없다.

그러나 녹음이 목표를 이루게 하는 시간을 당길 수 있는 방법은 있다. 만약 당신이 강한 믿음을 가지고 있다면 녹음이 이루어지는 시간을 훨씬 당길 수 있다. 이는 녹음이 믿음을 바탕으로 하는 원리를 담고 있기 때문이다. 믿음이 부족하다고 생각될 때에도 방법이 없는 것은 아니다. 만약 꿈의 간절함에 대한 크기가 매우 크다면 당신의 믿음이 조금 부족하다고 생각되어도 꿈을 이룰 수 있게 된다. 왜냐하면 꿈이 강렬한 사람은 그 자체로 행동을 이끌며 끌어당김의 법칙에 의해 잠재의식과 우주 에너지를 끌어오는 힘이 있기 때문이다. 꿈이 강렬한 사람의 특징은 낮이나 밤이나 매일매일 꿈이 생각나며, 잠자리에 들면서도 천장에 그 꿈이 그려지는 경험을 한다.

강렬한 꿈으로 작가의 꿈을 이룬 사람이 있다. 그는 어릴 적 작가를 꿈꿨는데, 그 꿈을 잊고 살다가 사십이 된 나이에 어릴 적 꿈이 되살아나 그때부터 강렬한 꿈을 꾸게 되었다. 매일 밤 그는 잠자리에 들 때마다, 천장에 꿈이 떠올라 그 모습이 그려졌고 그때마다 주체할 수 없이 꿈을 이루고 싶은 강렬한 열망을 느꼈다. 원래 그는 매일 새벽까지 드라마를 보다가 늦게 일어나 회사에 지각하기 일쑤였으나 꿈을 열망한 이후부터 새벽에 일어나 글공부하는 시간을 갖는 것으로 습관을 바꿔 버렸다. 퇴근 후에는 친구들과 술을 마시며 보내는 날이 많았으나 이후에는 퇴근하자마자 글쓰기 학원으로 달려갔다. 결국 그는 2년 여 노력 끝에 작가의 꿈을 이루었으며 지금도 전업 작가로 꿈꾸던 일을 하며 살아가고 있다.

이처럼 강렬한 꿈은 스스로 적극적인 행동을 이끌기에 녹음의 원리를 적용한다면 더욱 빨리 꿈을 이루어지게 할 수 있다.

만약 당신이 믿음도 부족하고 강렬한 꿈도 없다면(아마 많은 사람이 여기에 해당될 것이다) 더욱 녹음의 방법에 의지해야 한다. 왜냐하면 사실 이런 사람들을 위해 녹음의 방법이 고안되었기 때문이다.

이미 꿈의 실현에 대한 믿음이 있고 강렬한 꿈이 있다면 굳이 녹음의 방법을 사용하지 않아도 그들은 꿈을 이루어 내고야 말 것이다. 하지만 이 두 가지 모두 부족한 사람이라면 뾰족한 수가 없다. 어떤 자기계발서의 방법을 따라하려 해도 잘되지 않을 것이다. 그런 보통의 사람들도 쉽게 따라할 수 있는 방법이 녹음이다. 그저 자신의 꿈을 녹음하고 반복재생하기만 하면 된다. 그리고 녹음에 나를 맡긴 채 따라가다 보면 내 꿈이 실현된 우주의 파동과 에너지가 끌려와 어느 시점에는 분명 자신의 꿈이 이루어지는 경험을 하게 된다.

성공한 사람으로
동기부여 하라

우리는 꿈을 이루기 위해 또 성공하기 위해 수많은 성공한 사람의 책을 읽고 강의를 듣는다. 그 까닭은 무엇일까? 그들은 이론적 세계에 머무는 사람이 아니고 나와 같은 공간에서 숨쉬는 현실에 있는 존재이기 때문이다. 실제 이야기는 나에게 더 확실한 꿈과 믿음을 심어줄 수 있으므로 이들의 이야기를 듣고 가슴에 새기는 것은 내 꿈을 성취하기 위한 최고의 동기부여 스승이 될 수 있다. 여기에 당신의 성취에 대한 동기부여에 도움을 줄 몇 개의 성공 스토리를 소개한다.

흑인 아빠와 백인 엄마 사이에서 태어난 아이가 있었다. 서로 다른 문화를 가진 부모에게서 자라면서 아이는 다양성에 대해 자연히 배울 수 있었다. 하지만 그 아이가 글을 깨우치기도 전에 부모님이 이혼하고 만다. 엄마는 아이를 데리고 인도네시아에 가서 살다가 다시 미국으로 돌아오려 했을 때, 아이가 흑인 인종차별 때문에 상처받지 않을까 염려되었다. 그래서 아이에게 미리 흑인 차별에 관한 이야기를 들려주었는데, 도리어 그 아이는 누구도 차별받지 않고 모두가 잘 살 수 있게 해 주는 사람이 되고 싶다며 '대통령'이 되겠다는 큰 꿈을 품게 된다.

아이는 엄마와 함께 미국으로 돌아왔고 태어나 처음으로 아빠를 만나게 되었다. 아이는 감격의 눈물을 흘렸지만, 아빠는 극심한 인종차별을 견딜 수 없어 곧 고향인 아프리카로 돌아가겠다고 말했다. 그때부터 아이는 흑인들을 차별하는 백인들을 향한 반항심을 주체하지 못해 방황하기 시작했다. 아이의 방황은 대학교에 들어간 후에도 계속될 만큼 심각했다. 그러던 어느 날 아이는 한 친구에게서 이런 말을 듣게 된다.

"너 그렇게 방황하는 시간에 차라리 네 자신부터 발전시키는 데 신경쓰는 게 어때?"

그 순간 아이는 정신이 번쩍 들었다. 잊고 있던 자신의 꿈이 생각났기 때문이었다. 모두가 잘 살 수 있게 해주는 대통령이 될 것이라는 꿈! 그 꿈을 이루려면 먼저 실력을 쌓아야 하는데, 되돌아보니 자신은 그동안 공부보다 다른 것에 더 신경을 쓰고 있었던 것이다. 그때부터 아이는 열심히 공부하기 시작했다. 이후 약한 사람들을 도우려면 법을 알아야 한다는 생각에 하버드대학교 로스쿨에 들어갔고, 헌법을 가르치는 교수가 되었으며, 드디어 정치에 입문하여 상원의원이 되었다. 그리고 마침내 어린 시절부터 꿈꾸던 대통령이 되었다. 이 아이가 바로 미국 최초의 흑인 대통령 버락 오바마다.

　링컨은 미국에서도 가장 훌륭한 대통령으로 칭송받는 인물이다. 그런데 그 링컨이 초등학교도 나오지 않았다면 믿을 수 있을까? 링컨은 켄터키주 시골의 목수 아들로 태어났다. 어린 시절 워낙 가난했기에 초등학교를 중간에 그만두어야 했다. 그러나 링컨은 비록 학교를 다닐 수는 없었지만 어릴 때부터 책 읽는 것을 좋아해 독서만은 그만두지 않았다.
　링컨이 불과 아홉 살 때 링컨의 어머니가 병으로 죽자 링컨의 아버지는 새어머니를 맞아들였다. 링컨의 새어머니는 여러

형제들 중에서도 특히 링컨을 좋아해 주었다. 그것은 링컨이 책을 좋아했기 때문이었다. 새어머니는 링컨이 읽고 싶은 책을 읽을 수 있도록 배려해 주었다. 덕분에 링컨은 많은 책을 읽으며 공부를 대신할 수 있었다. 처음에는 다양한 책을 읽다가 관심 가는 분야가 생기면 깊이 있게 책을 읽었다. 덕분에 링컨은 초등학교 중퇴의 학력에도 젊은 시절 온갖 직업을 거치면서 변호사 시험에 합격하는 기쁨을 누릴 수 있었다.

이때부터 링컨은 정치에 발을 들여놓았고 원대한 꿈을 꾸기 시작했다. 그것은 미국의 대통령이 되는 꿈이었다. 하지만 링컨은 수많은 실패를 거듭해야 했다. 아마도 링컨만큼 많은 실패를 경험한 사람도 없을 정도였다. 낙선에 또 낙선! 그럼에도 링컨은 대통령의 꿈을 포기하지 않았다. 힘이 들 때면 다시 책을 읽고 공부하며 자신감을 회복했다. 그리고 마침내 1861년 에이브러햄 링컨은 미국 제16대 대통령에 당선될 수 있었다.

상상하기를 너무 좋아했던 조앤은 일에 집중하지 못한다는 이유로 회사에서 잘리고 말았다. 조앤은 당장 먹고 살 일이 걱정이었지만, 작가의 꿈이 있었기 때문에 절망하지 않았다. 조앤은 언제나 공상 세계를 상상하는 습관이 있었고 그걸 이야기로 옮기고 싶어 했다. 하지만 당장 먹고 살아야 했기에 그 글쓰기는 완성되지 못한 채로 남겨두어야 했다.

조앤은 겨우 맨체스터에 있는 한 회사에 취직할 수 있었다. 조앤의 집은 런던이었기에 기차를 타고 통근해야 했다. 상상하기를 즐겼던 조앤이었기에 기차 밖을 스치는 풍경에 매료되었고 그 풍경이 던져 주는 상상들을 놓칠 새라 하나하나 노트에 적어나갔다. 그러던 어느 날 기차가 덜커덩 하고 멈춰 서는 순간 조앤의 머릿속에 마법 같은 회오리가 일더니 똘망똘망 귀엽게 생긴 한 마법소년의 모습이 떠올랐다. 그 마법소년의 이름은 해리포터였고 그때부터 조앤은 해리포터 이야기를 써 나가기 시작했다.

하지만 하늘도 무심하게 조앤 주변에서 어려운 일들이 겹쳐 일어났다. 어머니가 갑자기 돌아가셨고 직장까지 잃었을 뿐만 아니라 남편과 이혼까지 하게 되었다. 이제 조앤 곁에 남은 것이라곤 딸 제시카와 그동안 써 온 원고뭉치뿐이었다. 조앤은 이후 하루하루를 배고픔과 사투를 벌이는 시간을 보내야 했다. 자신이 굶는 것은 참을 수 있었지만 어린 딸 제시카가 굶는 것은 참을 수 없었다. 이대로 삶을 포기하고 싶었지만 조앤에게는 아직 쓰고 있던 원고가 있었다. 이 이야기를 쓸 때 만큼은 이 세상 누구보다 행복한 조앤이었다. 그렇게 조앤은 기적처럼 원고를 완성해 내었다. 그리고 마법 같은 일이 일어 났다. 이 원고가 책으로 출판되어 영국은 물론 전 세계를 강타 했고 그녀는 부와 세계적인 명성을 거머쥐게 되었다.

강수진은 비록 남들보다 뒤늦게 발레를 시작했지만 세계적 인 발레리나가 되는 꿈을 꾸었다. 엄청난 노력 끝에 동양인 최 초로 '로잔발레콩쿠르'에 나가 수상하는 기쁨을 누릴 수 있었 고, 이 경력을 바탕으로 동양인으로는 최초이자 최연소로 독 일 슈투트가르트 발레단에 입단하는 기쁨을 누렸다.

이때만 해도 강수진의 앞길은 탄탄대로일 것만 같았다. 그 러나 발레단에서 강수진은 실력 부족으로 발레단의 군무에도 끼지 못한 채 시간을 보내야 했다. 동양에서는 알아주는 발레 리나였으나 세계적인 발레단에서는 실력 부족을 느껴야 했던 것이다. 발레단에서 유일한 동양인이었던 그녀는 급격히 자 신감을 잃어가기 시작했고 급기야 슬럼프까지 찾아왔다.

이후 그녀는 의욕을 잃고 극심한 스트레스에 시달려야 했 다. 이대로는 살 수 없었기에 먹는 것으로 스트레스를 풀었다.

그러자 몸무게가 단숨에 불어났다. 어느 날 거울을 보다가 정신이 번쩍 들었다. 이건 발레리나의 모습이 아니었다. 그녀는 다시 무대 위를 훨훨 나는 모습을 상상하며 힘을 내었다. 그리고 자신에게 내일은 없다는 생각으로 연습에 연습을 거듭했다. 하루 10시간이 넘는 강행군으로 연습하고 또 연습했다.

드디어 수진은 무대에 설 수 있게 되었다. 무용계의 아카데미상으로 불리는 '브누아 드 라 당스'에서 수상하기도 했다. 다시 프리마돈나(제1의 여인이라는 뜻)의 자리에 오른 것이다. 그러나 기쁨도 잠시 너무도 혹독한 연습을 하다가 발에 부상을 당하고 말았다. 가벼운 부상이 아닌 1년 이상을 치료해야 하는 큰 부상이었다. 하지만 수진은 포기하지 않았다. 부상이 낫자마자 지독한 연습에 돌입했고 다시 프리마돈나의 자리에 올라섰다.

하루는 친구가 수진의 발 모양을 보더니 깜짝 놀랐다. 얼마나 연습을 많이 했던지 수진의 발 모양이 마치 괴상한 모양으로 일그러져 있었다. 원래 그녀의 발은 매우 예쁜 모양이었다. 친구는 그때 그녀의 발 모양 사진을 급히 찍었다. 그리고 그 사진은 인터넷에 올라가 고국의 사람들이 보게 되었는데, 그것은 한 마리 백조처럼 아름다운 발레리나 강수진의 발이라고는 도저히 믿을 수 없는 모양이었다. 감동의 물결이 일었다. 꿈을 이루기 위해 강수진이 얼마나 많은 노력을 했는지 그 발이 여실히 보여 주고 있었기 때문이다.

성취한 사람들에게서
배워라

앞에서 우리는 네 사람의 성취 이야기를 들었다. 당신이 꿈과 성공에 대해 더 큰 동기부여를 받고자 한다면 더 많은 성공한 사람들의 이야기를 들어보길 권한다. 그것은 추상적일 수 있는 이론 강의보다 매우 실제적이기에 당신의 잠재의식에 더 확실한 각인을 심어줄 수 있다. 더욱이 나와 비슷한 처지에 있는 사람의 이야기를 들을 때 '동감'이라는 감각이 발동하여 꿈을 이루지 않고는 견딜 수 없는 열정에 불타오르게 할 수도 있다.

성공한 사람들의 성취 이야기를 들을 때 주목할 점 몇 가지에 대해 알아보자.

첫째, 성공한 사람을 나와 다른 사람으로 분리하지 말고 성공자의 모습에 나를 대입해야 한다. 오바마는 어린 시절 대통령을 꿈꾸었지만 인종차별 문제에 매여 꿈을 잊고 살았다. 그러나 자신의 존재 가치를 다시 인식하는 순간 꿈이 되살아나 결국 꿈을 이룰 수 있었다. 우리도 마찬가지다. 삶에 쫓기고 살다 보면 자신의 존재 가치를 잊고 사는 경우가 허다하게 많다. 이런 시간이 길어질수록 꿈은 더 깊숙이 숨어 버린다. 오바마가 그랬던 것처럼 자신의 존재 가치에 대해 자각하는 시간을 가져 보자.

둘째, 성공은 절대 포기하지 않는 자들의 몫이라는 사실을 인식해야 한다. 링컨은 학교도 제대로 졸업하지 못했고 뒤늦게 정치에 발을 들이고 대통령의 꿈을 꾸게 되었기에 남들보다 불리한 조건에 있었다. 그럼에도 불구하고 숱한 실패 앞에서 절대 포기하지 않았다. 7번의 실패 끝에 마침내 링컨은 대통령이 되었다.

당신도 마찬가지다. 꿈은 달콤하지만 그 과정은 고통스럽기 마련이고 성공은 화려하지만 그 과정은 고난의 연속일 수 있다. 고통과 고난 앞에 굴복한다면 절대 성취의 맛을 볼 수 없고 성공의 고지에 오를 수 없다. 만약 실패를 경험한다면 좌절하지 말고 오히려 실패를 좋은 기회로 삼아라. 녹음의 과정에서도 마찬가지다. 남들은 금방 결과가 나오는데 나는 왜 결과가 나오지 않을까 하고 낙심하고 있으면 안 된다. 시간이 걸릴 뿐 반드시 소원이 이루어질 것이라는 믿음으로 끝까지 버텨내야 한다.

셋째, 절망의 시간을 꿈이라는 희망으로 이겨내야 한다. "인간은 생각하는 갈대"라고 파스칼이 한 말이 있다. 그만큼 인간의 마음은 강한 듯하면서도 아주 약한 성질을 동시에 가지고 있다. 그래서 어제 좋다가도 오늘 갑자기 태풍이 불면 죽을 것 같은 느낌에 사로잡히는 게 인간이다.

인간이 느끼는 마음 중 가장 밑바닥에 있는 감정이 바로 절망이다. 조앤 롤링은 어머니가 갑자기 돌아가시고 직장까지 잃었을 뿐만 아니라 남편과 이혼까지 하게 되면서 큰 어려움에 빠졌다. 거기에 경제적 위기까지 닥치면서 절망에 빠져들었다. 대다수의 사람들이 이런 상황에 처한다면 절망에 빠져들 것이다. 하지만 조앤은 해리포터라는 희망이 있었기에 역경을 이겨낼 수 있었다.

우리도 마찬가지다. 꿈과 성공을 향해 가는 과정에서 수많은 위기를 만날 수 있고 절망의 감정에 빠져들 수도 있다. 하지만 나에게 꿈과 성공을 이루겠다는 희망 1%만 있다면 절망이 나를 위협할 수는 있어도 절대 꺾을 수는 없다. 조앤처럼 꿈을 놓지만 않는다면 우리는 희망으로 절망을 충분히 이겨 낼 수 있다.

넷째, 꿈을 이루기 위한 과정에서 노력을 게을리하지 말아야 한다. 강수진의 일그러진 발은 노력의 결과를 나타내는 상징이다. 녹음에서 믿음을 강조하다 보니 마치 노력은 하지 않아도 된다는 느낌을 받는 사람들이 많다. 녹음으로 성취를 이룬 사람들의 이야기를 들어 보면 그저 녹음만 반복재생해 놓으니 원하던 일이 이루어졌다고들 한다. 이는 마치 아무 것도 하지 않고 가만히 있었더니 소원이 이루어진 것처럼 보인다.

하지만 이것은 자연의 순리에 역행하는 생각이다. '노력하는 것'은 긍정적 표현이지만 '노력하지 않는 것'은 부정적 표현이다. 녹음의 원리에서 부정적 표현은 이루어지기 힘들다. 녹음을 통하여 소원을 이룬 사람들은 아무 노력 없이 일이 이루어진 것처럼 보이지만, 자신도 모르는 사이 노력했고 그 결과로 목표가 이루어진 것임을 알아야 한다.

그런데도 마치 별 노력하지 않은 것처럼 보이는 이유는 억지로 노력하지 않았기 때문이다. 그저 녹음의 원리가 이끄는 대로 자연스러운 노력을 했기에 꿈이 이루어진 것이다. 자연스러운 노력이었기에 마치 노력을 안 한 것처럼 보일 수도 있는 것이다. 반대로 일반적인 노력은 강제성을 동반한다. 그래서 너무 힘들고 중간에 포기하고 싶은 마음도 생긴다. 꿈과 성공의 과정에서 노력은 필요조건이다. 이때 녹음의 원리를 이용하면 훨씬 수월한 노력으로 꿈을 이룰 수 있게 될 것이다.

꿈을 이루는 과정에서 단 한 번이라도 성취를 경험하는 것이 매우 중요한 문제로 다가온다. 성취의 맛은 경험해 본 사람만이 알 수 있다. 성취감의 맛은 너무 달콤해 절대 중간에 포기하지 못하게 만든다. 그래서 또 그다음의 성취를 이뤄 내고, 다시 그다음의 성취를 이뤄 내며 결국 성공의 고지에 올라서고야 마는 것이다.

6단계

나눔

우리는
일함으로 생계를 유지하지만
나눔으로 인생을 만들어간다.

◆

윈스턴 처칠

성취 후 다가오는 문제

대부분의 자기계발서가 성공에 도달하는 순간까지만 이야기한다. 어떻게 해야 성공할 수 있고, 그렇게 성공에 이르면 아주 행복하다는 이야기에서 끝나는 것이다.

그런데 우리는 이미 성공한 많은 사람의 모습에서 그들이 여전히 행복하지 않은 모습을 종종 보게 된다. 과거에 유명 스타였던 사람이 지금 막노동을 하고 있다는 이야기가 들리는가 하면 심지어 극한의 고통에 빠져 스스로 목숨을 끊는 일까지 볼 때는 우리의 가슴도 미어진다.

왜 성공한 사람들이 무너져 내리는 일이 생기는 걸까? 성공한 사람들은 정상의 위치에 오르면 물론 기쁘고 행복하지만, 동시에 이 성공이 깨지지 않을까 하는 불안이 찾아온다고 한다. 세상에 영원한 것은 없고 성공이 계속 유지될 거란 보장이 없다는 생각 때문이다. 결국 그들은 불안을 잠재우기 위해 다른 방법을 찾게 되는데 향락에 심취하기도 하고 좀 더 적극적인 사람들은 다른 사업에 투자하기도 한다.

그런데 이렇게 불안감을 이기기 위한 목적으로 꾸민 일이 도리어 자기를 삼키는 괴물이 되어 되돌아온다는 것이다. 향락에 심취한 사람들은 구설수에 올라 패가망신하게 되고 다른 사업을 벌인 사람들은 사기를 당해 나락으로 떨어진다. 이렇게 하여 성공한 사람들의 행복은 오래 유지되지 못한 채 일찍 끝나버리고 마는 경우가 허다하다.

문제는 이렇게 성공을 경험했던 사람들이 나락으로 떨어질 경우 오히려 성공하지 않은 사람보다 더 큰 불행에 빠진다는 점에 있다. 그들이 더 큰 불행을 느끼는 이유는 화려했던 과거가 자신을 짓누르기 때문에 그보다 더 큰 성공을 맛보지 않는 한 행복을 회복하기 어렵기 때문이다. 이 정도면 거의 매일 술에 의지하지 않고는 살 수 없는 고통 속에 빠져들게 된다.

또한 놀랍게도 성공의 고지에 오른 후 그 상태를 유지하기 힘들다는 통계가 있다. 로또 Lotto에 당첨되어 얼마나 성공 상태를 유지하고 있는가 하는 것에 대한 조사가 있다. 영국의 통계에 의하면 로또 당첨자의 70%가 자산 탕진, 마약, 구속, 자살 등으로 당첨 전보다 더 불행하다는 결과가 나왔다. 나머지 30%만이 로또 당첨으로 풍족한 삶을 살고 있다는 것이다. 물론 이것도 현재 시점이니 통계는 더 나빠질 수도 있다.

이것을 성공에 대입하여 이야기해 보면 성공자의 70%도 다시 불행에 빠질 수 있다는 결과로 이해할 수 있다. 왜 이런 결과가 나타날까? 필자는 그 이유를 논리적으로 분석할 수 있다.

앞에서 성공이란 '운+노력'으로 이루어진다고 했었다. 여기서 운이란 내 노력이 아닌 '우주+자연+다른 사람들의 도움' 등이라고 볼 수 있다. 자연이 성공을 이런 식으로 이루어지게 하는 까닭은 성공의 본질이 더 많은 사람을 잘 살게 하기 위함에 있기 때문이다. 우리는 성공이라고 하면 한 사람이 모든 주목을 받는 모습을 생각하기 쉽지만, 사실 한 사람의 성공에는 무수한 사람들의 도움이 숨어 있다. 따라서 진정한 성공은 그 영광을 성공한 한 사람만이 가져서는 안 되고 그 성공을 위해 노력한 모든 사람이 나누어 가져야 한다. 이것이 성공의 진정한 의미다.

그런데 우리의 현실은 이렇게 되기 어렵다. 성공한 사람은 자기가 잘해서 성공했다고 생각하기 쉽다. 그래서 쉽게 교만해지며 많은 성공한 사람이 주변인들에게서 달라졌다는 소리를 듣게 된다. 이런 태도를 가진다면 설사 성공한 사람이더라도 성공의 본질에 맞지 않고 자연의 법칙에도 어긋나므로 나락으로 빠질 수 있다.

왜 나눔인가?

　그렇다면 우리가 성공의 자리에 올랐을 때 그 다음 어떤 태도를 가져야 할까?

　성서에 "섰을 때 넘어질까 조심하라"는 말이 있다. 또 호사다마 好事多魔라는 사자성어도 있다. 호사다마란 좋은 일에는 탈이 많다는 뜻이다. 누구나 성공의 자리에 오르면 마음이 높아지고 주변 사람들은 저 아래로 보이기 마련이다. 이것이 인간의 본성이기 때문이다. 하지만 이런 마음이 자연의 역행 에너지로 작동해 그 사람을 넘어지게 하고 안 좋은 일이 생기게 함을 잊지 말아야 한다.

성공의 본질은 더 많은 사람을 잘 살게 하기 위함에 있다는 말을 기억하라. 한 사람의 성공에는 수많은 사람의 도움이 있다고 했었다.

그렇다면 성공한 사람은 어떤 삶을 살아야 할까? 먼저 자신에게 도움을 준 모든 사람들에게 보답하는 삶을 살아야 할 것이다. 얼마 전 신문에 한 식당 손님이 갑자기 찾아와 감사의 표시로 식당 주인과 종업원들에게 거금을 전달했다는 기사가 실렸다. 어떻게 된 일일까?

이 식당에서 손님들에게 복권을 선물로 주는 행사를 했는데 이 손님의 복권이 2등에 당첨됐다는 것이다. 그래서 감사의 표시로 이런 행동을 했다고 한다. 사실 2등이면 당첨금이 1억도 안 되는 수천만 원 정도다. 그런데도 이 손님은 감사를 나누기 위해 가장 먼저 이런 선행을 베푼 것이다.

나아가 성공은 보답을 넘어 더 큰 의미도 갖는다. 한 사람의 성공 뒤에는 자신의 성공으로 인해 실패를 맛본 훨씬 더 많은 사람들이 존재하게 된다. 이것은 비단 자신의 성공과 관계된 실패자만을 의미하는 것이 아니다. 우리 사회는 극소수의 성공한 사람들과 그 나머지 성공하지 못한 사람으로 구성돼 있다. 후자는 성공 바로 아래의 사람들도 있는가 하면, 사회경제구조상 가장 밑에서 낙망, 빈곤과 싸우며 어렵게 살아가는 사람들도 있다. 성공자에게는 반드시 이런 대다수의 사람들을 돌아볼 의무가 있다. 자연이 성공과 실패의 사회 구조를 만드는 까닭도 여기에 있다.

성공자는 어떻게 나머지 사람들을 돌아봐야 할까? 여기에서도 나눔의 개념이 등장한다. 먼저 넘어진 사람들이 다시 일어설 수 있도록 도와야 한다. 그리고 이들이 성공을 맛볼 수 있는 데까지 나아갈 수 있도록 이끌어 주는 역할도 해야 한다. 이것이 성공자의 몫이요, 의무다.

우리는 주변에서 이런 성공자들을 종종 보게 되는데 그들은 자신의 역할을 충실히 수행하고 있는 것이다. 이런 일이 이루어진다면 이제 성공은 더 많은 사람을 잘 살게 해 주는 본질을 충족할 수 있게 된다. 따라서 자연은 이런 훌륭한 일을 하는 성공자에게 시련을 줄 이유가 없어지므로 그의 성공을 계속 유지할 수 있게 해 준다. 그뿐만 아니라 더 큰 성공의 위치로 올라갈 수 있게 에너지를 더해 주게 된다.

양심을 가진 사람이라면 마음 깊숙이에서 나눔의 소리가 울려옴을 잘 알고 있을 것이다. 현대 사회는 물질만능주의가 만연해 누구나 돈을 탐닉하고 돈을 목표로 살아가지만 내 양심에서는 이상하게도 나눔을 행하라는 소리가 울려 퍼진다. 그래서 성공을 향해 나아가는 많은 사람에게 장래 희망을 물어보면 나중에 성공하여 나눔의 삶을 살고 싶다는 말을 종종 듣게 된다.

국내 굴지의 자동차 회사에서 4년 연속 전국 판매왕을 차지한 분에게 장래 희망을 물은 적이 있다. 그는 '희망학교'를 세우는 것이라 답했다. 희망학교란 사회적 약자나 그 자녀들에게 다시 일어설 수 있도록 교육하고 희망을 심어 주는 학교다. 이처럼 나눔은 인간이라면 누구나 양심에서 우러나오는 아름다운 소리인 것이다.

꿈 내비게이션

나눔은 배가倍加의 원리를 가진다

나누면 기쁘다는 사실은 인간이라면 누구나 알고 있다. 이웃에게 음식을 나누면 왠지 뿌듯하고 인간다운 일을 했다는 기분이 든다. 그럼에도 불구하고 사람들은 내 것을 나누면 내 것이 줄어들까봐 걱정되어 쉽게 나누지 못한다. 그러나 나눔을 제대로 해 본 사람들은 생각이 다르다. 나누면 그것이 다시 내게 돌아온다고 말한다. 이것은 많은 사람들의 경험에 의해 증명된 사실이기도 하다. 나누면 돌아온다는 명언도 있지 않은가.

나누는 것이 몸에 밴 어떤 목사가 있었는데, 그는 사정이 딱한 사람만 보면 필요한 것들을 나눠 주곤 했다. 심지어 가난한 교회로 초청을 받아 가면, 사례비를 받지 않고 도리어 자신이 교회에 헌금하기까지 했다. 주변 사람들은 그렇게 돈을 마구 쓰면 재정이 바닥나 교회를 운영하기도 힘들어질 거라며 말렸지만 기본 성정이 그러해 막을 수 없었다. 이후 이 목사는 제법 큰 규모의 기도원을 짓게 되었는데 놀랍게도 자신의 돈은 한 푼도 들이지 않고 기도원을 건립하였다. 그동안 도움을 받은 사람들이 십시일반 돈을 보탰을 뿐만 아니라 생각지도 못한 헌금까지 들어와 이런 일이 일어난 것이다. 이 목사는 지금도 베풀며 살지만 돈 걱정은 전혀 하지 않고 살고 있다.

"세상은 진짜의 거울상"이라는 말이 있다. 불교의 공개념에서 나온 말인데, 이런 기준으로 본다면 세상에서 일어나는 일들은 진짜를 비추기 위한 상징적 의미를 가진다고 생각할 수 있다. 특히 물질세계의 일들은 내면을 비추는 상징성이 있다고 볼 수 있다. 이런 기준으로 세상을 바라보면 나눔에 대한 놀라운 과학적 비밀을 발견할 수 있다.

물리학에서 빛의 반사 법칙이라는 게 있는데 이것은 사실

내면의 빛에 대한 상징적 의미를 내포하고 있다. 즉, 우리는 빛의 반사 법칙을 보면서 내면의 빛도 반사의 법칙을 따른다는 사실을 인식할 수 있어야 한다.

내면의 빛 중에 나눔은 최고의 에너지를 가진 빛에너지다. 내가 나눔을 베푸는 순간 나의 빛에너지가 상대에게 전달된다. 전달된 나눔의 빛은 반사되어 다시 나에게 되돌아오는데 이때 배가倍加의 원리를 따른다는 점에 주목해야 한다.

물질적 빛은 100이 반사되면 100 그대로 되돌아온다. 하지만 나눔의 빛은 그 빛을 받은 사람의 감사 에너지까지 포함하여 돌아오게 되므로 내게서 나간 나눔의 빛 100이 반사되면 110이 되어 되돌아오게 된다.

더 놀라운 것은 내가 한 사람에게 100의 에너지를 나누면 110이 되돌아오지만 두 사람에게 100의 에너지를 나누면 220(110+110)의 에너지가 되돌아온다는 사실이다. 만약 열 명의 사람에게 100의 에너지를 나누게 되면 1100(110×10)의 에너지가 되돌아온다. 이것이 바로 나눔의 배가 원리다.

명확히 알아두어야 할 것은 나누면 반드시 되돌아온다는 사실이다. 문제는 이것이 물질적 빛의 원리처럼 딱딱 맞아떨어지지 않는다는 데서 혼란을 준다. 물질적 빛은 반사되는 대상을 명확히 알 수 있다. 하지만 나눔의 빛은 이런 법칙을 잘 따르지 않기에 사람들은 나누면 돌아온다는 말을 믿지 않으려 한다. 내가 누군가에게 베풀었는데 그는 보답하기는커녕 더 받으려 한다. 이런 일을 겪으면 나누면 돌아온다는 말은 거짓말처럼 느껴진다.

그러나 이것은 인간이 근시안을 갖고 있기에 나타나는 어리석은 생각이다. 어리석은 인간은 당장 내가 나눈 대상에게서 보답이 오리라 여긴다. 또 내가 지금 베풀었으니 조만간 되돌아오는 일이 일어날 것이라 여긴다.

하지만 나눔의 빛은 물질적으로나 시간적으로 언제 어떻게 되돌아올지 정해져 있지 않다. 당장 내가 나눔을 베푼 대상에게서 되돌아올 수도 있으나 나와 상관없는 다른 대상에게서도 올 수 있다. 또 시간적으로도 되돌아오는 일이 당장 일어날 수도 있고 몇 년 후 혹은 수십 년 후 심지어 다음 대에서 일어날 수도 있다. 당신이 이 사실을 믿을 수 있다면 당신은 기쁜 마음으로, 기대하는 마음으로 나눔에 동참할 수 있을 것이다.

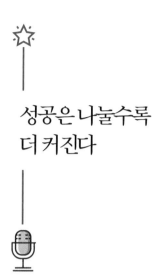

성공은 나눌수록
더 커진다

성공은 다른 사람들과 협력함으로써 이루어지는 것이다. 그러므로 꿈을 성취한 후에도 반드시 다른 사람들과 나누어야 한다. 나누는 마음을 갖기 위해서는 사랑을 몸에 익히고 증오나 시기, 이기심이나 짓궂은 마음을 버려야 한다. 어떠한 성공도 사랑과 봉사를 실천하지 않고서는 결코 오래 지속되지 않는다. 사업도 마찬가지로 성공하겠다는 신념은 물론이거니와 협력도 필요하다. 성공하는 경영자는 다른 사람에게 요구하기 전에 먼저 나누어야 한다는 것을 알고 있다.

우리는 목표를 이루고자 하는 '욕망의 마음'으로 목표를 이루었지만, 성취한 꿈을 유지하기 위해서는 나눔을 위한 '공생의 마음'을 가져야 한다. 남이야 어찌 되든 나만을 위한 욕망을 욕심慾心(욕심 욕慾)이라고 하고 남에게 피해를 주지 않고 내가 잘되려는 욕망을 욕심欲心(하고자 할 욕欲)이라 한다. 욕(慾)과 욕(欲)은 처음은 비슷하나 갈 길이 달라진다. 혼자 가는 길은 잠시 빠를 수 있으나 함께 가는 길은 멀리 갈 수 있다.

목표라는 한 개의 기둥 위에 세워진 꿈은 불안하다. 하지만 목표와 함께 나눔이라는 튼튼한 두 기둥 위에 세워진 꿈은 쉽게 무너지지 않는다. 우주의 법칙에 의해 나눌수록 되돌려받게 되어 있다. 많이 줄수록 사랑과 물질, 운, 좋은 경험 등의 형태로 그것들을 다 돌려받는다. 우리는 준 것보다 더 많이 받게 된다. 자연은 왜 나눌수록 더 많이 되돌려받도록 하였을까? 그것은 삶의 가치를 더 높이기 위해서다. 나눔을 통한 배가의 원리에 의해 삶에서 가치 있는 것들은 그 가치가 점점 더 높아지고 이렇게 하여 인간의 진화가 이루어지는 것이다.

햇빛, 물, 공기 등과 같이 자연이 사람에게 필요한 것을 아무 조건 없이 주듯이, 우리도 줄 때는 조건 없이 즐겁게 주어야 한다. 한없이 베푸는 우주를 인식하라. 자연을 바라 보라. 숲이 우리에게 신선한 공기도 주고 열매를 맺어 사람에게 주면서도 매년 숲의 나무들은 자라고 성장한다. 우리도 성공의 실현을 통해서 얻은 것은 나누고 베풀면서 더 많은 것을 얻게 되고 더욱 성장하게 되는 것이다.

세계적 부호인 리자청 회장은 개인 재산의 3분의 1을 사회에 기부하기로 약속하고 이를 지켜 6조 원을 사회에 기부했다. 그런데 그 이후에 그의 재산은 오히려 기부 전보다 더 불어났다고 한다.

세계에서 내노라 하는 부자인 워런 버핏과 빌 게이츠도 누가 많이 기부를 하는가 경쟁할 정도로 많은 재산을 기부하지만 그들의 재산은 계속해서 늘어나고 있다. 당신이 가진 것을 다른 사람들에게 나누어 줘라. 나눌수록 더 받게 되는 것을 알게 될 것이다.

또 남을 돕는 것은 긍정적인 정신 자세의 연쇄반응을 일으키게 하는 효과도 있다. 혹자는 부자의 기준이 얼마나 돈을 많이 벌었느냐가 아니고, 얼마나 주변에 많이 나누어 주었느냐에 달려 있다고 하였다. 진정한 성공은 나눔에서 온다는 것을 알 수 있는 대목이다.

'나눈다'의 미래형은 '나눌 것이다'가 아니고 '받는다'라는 사실을 명심하라. 우리는 나눔으로써 더 많은 것을 받게 되는 것이다. 인간은 본질적으로 남을 기쁘게 하는 일에 더 많은 기운과 에너지가 솟는다. 축복도, 기쁨도 함께 나누면 더 즐겁고 행복해진다. 꿈의 성취도 기쁜 일이지만 나눔은 주변 사람들에게까지 기쁨을 전파한다는 사실을 명심하라. 그때 자연스레 힘이 솟고 당신을 돕는 사람도 더 많아질 것이다.

나눔은 새로운 꿈을
꾸게 한다

　대부분의 사람들은 자기중심적이기 때문에 자나 깨나 나밖에 모르고 살아간다. 내가 행복해야 하고 내가 돈을 많이 벌어야 하고 내 가족이 행복해야 한다는 생각 속에서 살아가는 것이다. 우리 사회는 이런 자기중심적인 사람들이 모여 살아가고 있는 곳이다. 그래서 우리는 이런 사람들이 우글거리며 모여 사는 도시를 인정이 없고 각박해서 살기 힘든 곳이라 투덜대기도 한다. 도시가 각박하게 된 이유가 자신에게도 있음을 인지하지 못한 채 말이다.

과거에는 우리집 아이가 옆집에서 저녁 먹고 오는 일이 다반사였다. 이웃을 내 가족처럼 여기는 마음이 있던 시절이있었다. 하지만 세상이 발전하고 생활이 윤택해질수록 사람의 마음은 여유가 없어져서 남보다 나만을 생각하는 삭막한 사회로 변해 가고 있다.

우리는 꿈을 성취하여 성공의 대열에 오를수록 나누면서 살아야 한다. 성공은 나눌수록 더 커지고, 내가 먼저 나눔으로써 '나눌수록 더 커지는 기적'을 만들 수 있기 때문이다.

나눔의 신비는 여기에서 그치지 않는다. 나눔이라는 매개체를 통해 꿈이 꿈을 낳게 하는 것이다. 그 이유는 간단하다. 나누면 더 큰 것이 돌아온다고 했었다. 내가 그전보다 더 큰 사람이 되어 있으니 새로운 꿈을 꾸게 되는 것은 당연하다. 나누면 나눌수록 또 다른 새로운 꿈이 생기게 되며 이를 성취하면 이보다 더 큰 꿈이 생기는 꿈의 연쇄고리 현상이 일어나게 되는 것이다.

가수 선은 결혼식 날 느낀 행복이 매우 커서 그날 이후 죽는 날까지 매일 만 원 이상 나누며 살자는 결심을 했다. 그는 처음 1년 동안 모은 돈 365만 원을 노숙자들에게 무료 식사를 제공하는 '밥퍼나눔운동'을 위해 기부했다. 나눔의 삶이 계속되면서 그는 오히려 자신의 삶이 더 행복해진 것을 알게 되었다. 그래서 나중에는 나눔이 삶의 일부가 되는 미래를 꿈꾸게 되었다. 처음에는 소박하게 시작한 나눔의 꿈이 장애아동 재활병원 건립 후원, 루게릭병원 건립 모금 등 더 큰 꿈을 낳아 그는 기부천사, 행복천사가 되었다.

나눔의 복사현상, 성취의 프랙털Fractal(작은 구조가 전체 구조와 비슷한 형태로 끝없이 되풀이되는 구조) 현상은 세상을 짧은 시간 내 엄청나게 변화시킬 수 있는 힘을 가진다. 천년만년 어둠이 쌓여온 동굴 속이라도 불빛을 밝히는 순간 순식간에 밝아지는 것처럼 나눔은 분명 우리의 세상을 더 살 만한 곳으로 만들 수 있다.

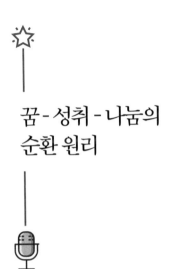

꿈 - 성취 - 나눔의
순환 원리

꿈꾸는 당신이 나눔의 배가 원리를 알았다면 이제 좀더 큰 시각으로 꿈을 이루어 갈 줄 알아야 한다. 당신은 왜 꿈을 이루려고 하는가? 단지 당신 자신의 행복을 위해, 당신 가족의 행복을 위해서인가? 그렇다면 그 꿈은 이루기 어려울 수 있다. 이루더라도 오래 지속하기 힘들 수 있다.

이 지점에서 인간은 왜 꿈을 가지며 그 꿈을 이루려 하는지에 대해서 생각해 볼 필요가 있다. 도대체 꿈은 누가 가지게 하는 걸까? 내 스스로 갖게 되는 것일까? 그런데 어떤 사람은 쉽게 꿈을 가지지만 어떤 사람은 여전히 자신의 꿈이 무엇인지도 모른 채 살아가고 있다. 이런 현상은 꿈이라는 것이 내가 갖고 싶다고 해서 가질 수 있는 성질이 아님을 알려 준다. 실제 꿈을 가지게 된 사람에게 물어보면 대부분이 자신의 의지로 꿈을 가진 것이 아니라 어느 날 갑자기 자기도 모르게 떠올랐다고 말한다.

이런 기준으로 볼 때 우리는 꿈의 본질에 대해 접근할 수 있다. 꿈이란 자연이 가져다 주는 미지의 힘에 의해 주어지는 것이며 그 목적은 꿈을 통하여 사회에 (나눔으로) 기여하게 함으로써 사회를 더 윤택한 곳으로 발전시키기 위함에 있는 것이다. 이런 기준의 꿈에 대해서는 들어보지 못했을 것이다. 하지만 이것은 자연이 개개인에게 꿈을 주는 목적이다.

개인의 시각으로 볼 때 꿈은 당연히 나의 행복을 위한 것이다. 하지만 사회의 시각으로 볼 때 한 개인의 꿈은 그 꿈을 통하여 사회에 기여하도록 하는 것이 된다. 만약 모든 사람의 꿈이 비슷하다면 그 사회는 제대로 된 모습을 갖출 수 없다. 모두가 판사가 되고자 한다면 그 사회는 어떻게 되겠는가. 판사가 되고 싶은 사람이 있다면 화가가 되고 싶은 사람도 있고 의사가 되고 싶은 사람도 있는 것이다. 자연은 이처럼 사람마다 다른 꿈을 꾸게 함으로써 다양한 사회 구성원의 모습을 갖추게 한다. 개인은 자신에게 주어진 꿈을 이루기 위해 노력하고 그 꿈을 이룸으로써 사회의 한 구성원으로서 자리를 차지하며 사회에 기여하게 된다. 이것이 개인에게 각각 다른 꿈을 갖게 하는 자연의 원리인 것이다.

내가 꿈을 꿀 때 이런 꿈의 본질에 대해 명확히 인식한다면 어떻게 될까? 나는 단지 꿈을 이루는 데 목적을 두지 않고 꿈을 이루는 목표와 함께 나눔의 목적까지 나아가려고 노력하게 되지 않을까? 즉, 꿈-성취-나눔의 단계까지 생각하며 꿈의 목적을 향해 나아가게 되는 것이다. 그렇게 나눔의 단계까지 나아갔을 때 나는 더 큰 사람이 되어 다시 새로운 꿈을 꾸게 된다. 이 새로운 꿈에 대하여 다시 성취-나눔의 단계를 밟으며 나아가게 된다. 이것이 바로 꿈-성취-나눔의 순환 원리다. 한 개인은 이러한 순환 원리에 의해 성장하게 되며, 사회도 이러한 개인들의 합이므로 함께 성장해 나가게 된다.

꿈 내비게이션

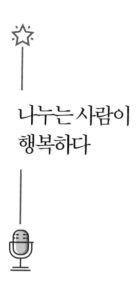

나누는 사람이
행복하다

성공의 고지에 오르는 꿈을 가진 사람도 있겠으나 나눔의 꿈을 가진 사람도 있다. 성공한 후에 나눔의 삶을 살겠다는 사람도 있으나 아예 처음부터 어려운 사람을 도우며 평생을 바치겠다는 꿈을 가진 사람도 있다. 여기에 나눔의 꿈으로 행복을 실천한 두 명의 인물을 소개한다.

살을 에는 듯한 추운 겨울밤, 어린 장기려는 할머니와 함께 산을 넘고 있었다. 이 산을 넘어야 집으로 돌아갈 수 있기 때문이었다. 정말이지 무서운 산이었으나 할머니 손을 꼭 잡고 갔기에 장기려는 무서움을 조금 줄일 수 있었다. 그런데 고개를 넘어갈 무렵, 갑자기 장기려와 할머니 앞에 웬 남자와 여자가 나타났다. 그 모습을 본 순간, 장기려는 하마터면 소리를 지를 뻔했다. 그들의 얼굴은 괴물처럼 일그러져 있었고 손가락도 다 뭉그러져 없는 끔찍한 모습이었기 때문이다.

부부인 듯한 두 사람 중 여자의 가슴에는 이제 두서너 살밖에 안 돼 보이는 아이가 안겨 있었다. 할머니는 그 사람들을 보더니 자신의 외투를 벗어 주었다. 그리곤 뭉그러진 손을 잡아 주며 날이 밝으면 헌옷가지라도 챙겨줄 테니 꼭 자기 집에 찾아오라고 했다.

이것은 어린 장기려에게 커다란 충격이자 감동으로 다가왔다. 이후 장기려는 자신도 어려운 사람들의 아픔을 치료해 주는 사람이 되고 싶었다. 그래서 대학을 정할 당시 경성의학전문학교를 목표로 정하고, 들어가게만 해 주신다면 치료받지 못하고 죽어가는 사람들을 위해 평생을 바치겠다며 매일 기도하고 열심히 공부했다. 그렇게 장기려는 의사가 되었고 평생 아픈 사람들을 치료하는 데 바쳤다. 국가는 장기려에게 인도주의人道主義를 실천한 공로로 국민훈장 무궁화장을 수여하였다.

꿈 내비게이션

이태석은 의대에 다니고 있었다. 인턴을 마치고 레지던트를 끝내면 이제 누구나 부러워하는 의사가 될 것이었다. 그런데 인턴과정을 마쳤을 때 이태석은 돌연 인턴을 그만두고 신학대학교에 들어갔다. 그는 신학대학교를 졸업하고 신부가 된 후 당시 세계에서 가장 가난한 나라 중 하나인 수단으로 향했다. 톤즈(남부 수단 와랍주에 속한 도시)는 내전으로 인해 수많은 사람이 죽어가고 있었으며 말라리아, 콜레라가 득실거리고 굶어 죽은 사람들이 거리에 나돌 정도로 지옥과 같은 곳이었다.

이태석은 바로 그 지옥의 땅에 병원을 지었다. 그리고 자기를 찾아오는 모든 환자를 성심껏 치료해 주었다. 서 있을 공간이 없을 정도로 환자들이 밀려들었지만, 이태석은 그 모든 사람을 다 치료해 주었다. 너무 아파 병원까지 오지 못하는 환자들을 위해 자신이 직접 달려가기도 했다.

병원이 어느 정도 안정되자 이번에는 학교를 지어 아이들을 가르치기 시작했다. 놀랍게도 이태석이 세운 초·중·고등학교가 남부 수단에서 가장 실력 있는 학교로 평가받게 되었다. 이에 톤즈 사람들은 모두 이태석을 존경하게 되었다.

그러나 이태석은 톤즈 생활 8년 만에 고국을 찾았다가 우연히 말기 암에 걸렸다는 사실을 알게 되었다. 이태석은 아직 톤즈에서 해야 할 일이 많았기에 그렇게 죽고 싶지 않았으나 안타깝게도 더이상 톤즈로 돌아가지 못하고 유명을 달리하고 말았다. 이 슬프고 감동적인 이야기는 사람들 사이에 전해져 〈울지마 톤즈〉라는 영화로 상영되었고 이후 사람들은 그를 성인聖人으로 기억하게 되었다.

사람은 누구나 돈을 많이 벌고 성공하여 행복하게 살고 싶은 꿈을 꾼다. 물론 이런 꿈도 한 개인의 행복을 위해 중요하다. 하지만 이 꿈보다 더 많은 행복을 가져다 주는 꿈이 바로 나눔의 꿈이다. 개인의 꿈이 한 사람의 행복을 가져다 준다면 나눔의 꿈은 수많은 사람에게 행복을 가져다 주기에 양적인 면에서 이 둘은 비교가 되지 않는다.

장기려는 수많은 아픈 사람을 치료해 주어 그들을 기쁘게 해 주었다. 이태석도 먼 이국의 사람들에게 행복을 심어 주었다. 혹자는 장기려와 이태석은 다른 사람들을 행복하게 해 주었지만 정작 자신들은 희생만 했지 행복하지 않았을 거라 여길 수도 있겠다. 특히 이태석의 경우 암이라는 고통도 경험하지 않았는가. 하지만 대가를 바라지 않고 나누어 본 사람들은 나눔이 주는 기쁨이 얼마나 큰지 잘 알고 있다. 성공할 때 누리는 행복은 짧지만 나눌 때 누리는 행복은 길다. 그뿐만 아니라 나눔이 주는 행복은 더 많은 사람에게 더 오랫동안 기억된다. 이것이 바로 나눔이 가져다 주는 힘이요, 에너지다.

나눔의 본질

나눔의 본질은 단지 어려운 사람을 돕는 것에만 있지 않다. 앞에서 장기려와 이태석의 나눔을 통해 행복해지는 사람이 더 많이 생긴다는 사실을 이야기했다. 여기에서 나눔의 본질에 대한 힌트를 얻을 수 있다. 즉, 나눔은 사랑이라는 매개체를 통하여 서로 다른 사람을 묶어 주어 더 많은 사람이 함께 행복의 길로 나아가게 하는 데 목적이 있다.

대립한 두 사람 사이에 나눔은 절대 일어나지 않는데, 서로를 받아들일 때 비로소 나눔이 일어난다. 나눔의 위대함은 평

등 이상의 관계에서 일어난다는 점에 있다. 즉, 가진 자와 못 가진 자 사이에 나눔이 일어나는 것이다. 보통 가진 자와 못 가진 자는 대립관계에 있기 마련이다. 또 가진 자는 행복할 수 있어도 못 가진 자는 행복하기 어렵다. 하지만 나눔의 관계에서 이 둘은 하나로 묶이며 둘 다 행복할 수 있다. 이것이 나눔이 가지는 힘이자, 본질이다. 다음 스티브 잡스의 이야기에 주목해 보자.

스티브 잡스가 어렸을 때 이웃집에 80세 가량의 다소 무섭게 생긴 할아버지가 살고 있었다. 할아버지는 잡스에게 자기 마당의 잔디 깎는 아르바이트를 주곤 했었다.

그 할아버지가 어느 날 잡스에게 보여줄 게 있으니 자신의 차고로 오라고 했다. 잡스는 영문도 모른 채 할아버지의 차고로 갔다. 거기에는 낡은 돌 텀블러 한 대가 있었는데 모터와 깡통이 밴드로 연결되어 있었다. 할아버지는 잡스에게 밖으로 나가서 돌멩이를 줍자고 했다. 잡스는 영문도 모른 채 할아버지가 시킨 대로 울퉁불퉁한 돌멩이를 잔뜩 주워 왔다. 그러자 할아버지는 주워 온 돌멩이들을 약간의 액체와 돌가루와 함께 깡통 안에 넣었다. 그런 다음 뚜껑을 닫고 모터를 돌리기 시작했다. 그러자 돌멩이 굴러가는 소리가 매우 시끄럽게 차고를 진동시키며 울려댔다.

할아버지는 잡스에게 내일 이 시간에 또 오라고 말하곤 가버렸다. 잡스는 다음 날 다시 할아버지의 차고로 갔다. 할아버지는 하루 동안 굴렀던 돌멩이들을 깡통에서 끄집어내고 있었다. 그런데 잡스는 자신의 눈을 의심했다! 어제 자신이 주운 돌은 분명히 모나고 울퉁불퉁한 볼품없는 돌이었는데 그야말로 둥글둥글 아름답고 매끄러운 돌멩이로 변해 있었기 때문이었다.

이 일은 어린 잡스에게 매우 신선한 충격을 주었다. 서로 다른 것들이 충돌하고 깎이면 새로운 것이 만들어질 수 있다는 생각을 던져 주었기 때문이다. 이러한 생각이 발전하여 훗날 잡스가 애플사ṭ를 설립하여 컴퓨터인 애플1, 애플2, 매킨토시, 마지막에는 세기의 작품이라 할 수 있는 아이폰을 창조해 낼 때 그 밑거름이 될 수 있었다.

뾰족하고 모난 돌이 서로 부딪치면 날카롭게 서로를 공격하기 마련이다. 나눔은 바로 이런 모난 돌을 둥글둥글한 돌로 바꾸는 힘을 가진다. 원래 서로 대립 관계여야 할 가진 자와 못 가진 자를 사랑의 관계로 묶어 주는 마법을 부린다. 나눔의 마법은 단지 사회에서만 일어나는 것이 아니라 직장 내에서도 일어날 수 있다. 잡스가 바로 이 나눔의 원리를 이용하여 성공한 대표적 사례다. 직장 내에서 인간관계는 쉽지 않다. 모두 경쟁 관계에 있는 모난 돌들이기 때문이다.

하지만 잡스는 모난 돌들이 충돌하고 깎이면 둥글둥글한 새로운 돌이 만들어진다는 사실을 잘 알고 있었기에 각자 다른 분야에서 일하던 사람들이 서로의 아이디어를 나누고 융합하게 만들어 새롭고 혁신적인 아이폰을 창조해낼 수 있었다.

서로 다른 모난 것들이 조화롭게 섞여 새로운 것이 생기기 위해서 반드시 거쳐야 할 과정이 있다. 그것은 모난 부분들이 깎이는 과정이다. 이기적 인간은 절대 스스로 모난 부분을 깎을 수 없다. 오직 나눔을 통할 때 비로소 모난 부분들이 깎여 나가기 시작한다. 가진 자의 교만이 깎여 나가고 못 가진 자의 열등감이 깎여 나간다. 그래서 이 둘은 함께 행복의 길을 걸어가게 된다. 이것이 이기적인 인간들이 나눔을 통해 만들어 낼 수 있는 새로운 창조의 세계인 것이다.

우리는 목표를 이루고자 하는 '욕망의 마음'으로 목표를 이루었지만, 성취한 꿈을 유지하기 위해서는 나눔을 위한 '공생의 마음'을 가져야 한다. 남이야 어찌 되든 나만을 위한 욕망을 욕심慾心(욕심 욕慾)이라고 하고 남에게 피해를 주지 않고 내가 잘되려는 욕망을 욕심欲心(하고자 할 욕欲)이라 한다. 욕(慾)과 욕(欲)은 처음은 비슷하나 갈 길이 달라진다. 혼자 가는 길은 잠시 빠를 수 있으나 함께 가는 길은 멀리 갈 수 있다.

맺는말

　현재의식이 녹음-반복재생을 이용하여 파동화된 소원을 발산하게 함으로써 잠재의식이 그것을 이루게 만드는 이 환상적인 협업 시스템을 가만히 음미해 보자. 어찌 보면 이것은 인류 역사 초유의 시스템이 개발된 것이라 할 수 있다. 이 초유의 시스템에 참여하는 우리는 이제 꿈을 이루는 지름길을 발견한 선구자들이 되는 셈이다.

　지금까지는 녹음으로 꿈을 이루는 방법을 몰랐지만, 앞으로는 들불 번지듯 전 세계에 녹음을 이용한 꿈을 이루는 방법이 퍼져나갈 것이다. 왜냐하면 이는 매우 쉽고 과학적이며 획기적인 방법이기 때문이다.

필자는 일부만 이 원리를 독식하고 대부분은 가난에 허덕이는 그런 것을 원치 않는다. 돈도 재물도 몇 사람에게만 제한된 것이 아니며, 삶은 제로섬게임(zero-sum game: 한쪽의 이득과 다른 쪽의 손실을 더하면 제로(0)가 되는 게임을 일컫는 말)이 아니다. 이 우주에는 무한한 보물이 우리를 기다리고 있다. 자신의 가능성을 제한하던 벽을 부수고 그 무진장의 보물창고를 열려는 이들을 위해 우리 내면의 잠재의식이 기다리고 있는 것이다. 알라딘 지니가 자신을 불러주기를 기다리듯 잠재의식도 언제나 항상 우리가 불러주기를 기다리고 있다. 안개처럼 희미한 잠재의식의 깊은 곳, 그 거대한 창고의 문을 여는 비밀번호가 바로 녹음이다.

　　이 원리는 전해져야 한다.

　　녹음은 한 사람의 꿈과 성공을 이루기 위해서도 필요하지만 더 큰 의미의 성취를 위해서도 긴요히 쓰일 수 있다. 나아가 오늘날 어려운 가정, 사회의 문제들을 해결하고 행복 사회로 나아가기 위해서도 녹음이 그 역할을 할 수 있다.

　　오늘날 가정과 사회에 수많은 어려운 문제가 생기는 근원에는 자신만 행복하면 된다는 이기적 성격과 욕망이 팽배한 것이 크다. 가정과 사회의 구조는 소통과 조화를 이루어야 원활히 돌아가며 행복해질 수 있다. 그런데 이기적 욕망, 성격은 불통과 부조화를 만들어 내어 어려운 문제들을 생산해 낸다. 이러한 인간의 이기적 욕망, 성격은 쉽게 바꿀 수 있는 성질의 것이 아니다. 무의식에 깊게 뿌리박혀 있는 것들이기 때문이다. 하지만 녹음의 원리를 이용하여 잠재의식을 바꿀 수 있다면 이것을 바꾸는 것도 가능해진다. 녹음의 놀라운 힘은 어느 분야에 제한되지 않고 무한하다.

녹음의 분야가 무한하다면 우리는 이 녹음 성취의 원리로 수신제가치국평천하修身齊家 治國平天下까지 할 수 있다. 나를 가치 있게 하고 가족을 행복하게 하며 주변과 세상에 풍요와 나눔이 이어지는 그런 세상을 만들어 갈 수 있는 것이다. 이것이 이 책의 목적이며 이 자리에 계신 소중한 분들의 존재 목적이다.

참고문헌

1단계

1. 《놓치고 싶지 않은 나의 꿈 나의 인생》 나폴레온 힐 지음, 민승남 옮김, 국일미디어

2. 《당신의 소중한 꿈을 이루는 보물지도》 모치즈키 도샤타카 지음, 은영미 옮김, 나라원

3. 《꿈꾸는 다락방》 이지성 지음, 차이정원

4. 《무지개 원리》 차동엽 지음, 위즈앤비즈

5. 《아티스트 웨이》 줄리아 카메론 지음, 임지호 옮김, 경당

6. 《간절히 원하면 기적처럼 이루어진다》 삭티 거웨인 지음, 박윤정 옮김, 해토

2단계

1. 《믿는 만큼 이루어진다》 노먼 빈센트 필 지음, 노지양 옮김, 21세기 북스

2. 《결국 해내는 사람들의 원칙》 앨런 피즈 지음, 이재경 옮김, 반니

3. 《목표 그 성취의 기술》 브라이언 트레이시 지음, 정범진 옮김, 김영사

4. 《성공하는 사람들의 7가지 습관》 스티븐 코비 지음, 김경섭 옮김, 김영사

5. 《하루 1번 목표를 말하는 습관》 김효성 지음, 동양북스

6. 《NLP, 무한 성취의 법칙》 스티브 안드레아스 & 찰스 포크너 지음, 윤영화 옮김, 김영사

7. 《적극적 사고방식》 노먼 빈센트 필 지음, 김진욱 옮김, 종합출판 범우

3단계

1. 《잠재의식의 힘》 조셉 머피 지음, 김미옥 옮김, 미래지식

2. 《기적의 입버릇》 사토 도미오 지음, 이석순 옮김, 중앙북스

3. 《세상의 이치를 터놓고 말하다》 사이토 히토리 지음, 이지현 옮김, 갈라북스

4. 《머피의 인생지침서 〈6권〉》 조셉 머피 지음, 송풍삼 옮김, 고려원

5. 《당신의 말이 기적을 만든다》 박필 지음, 국민일보

6. 《위너 브레인》 제프 브라운 외 지음, 김유미 옮김, 문학동네

7. 《말의 힘》 조현삼 지음, 생명의 말씀사

8. 《소리의 과학》 세스 S. 호로비츠 지음, 노태복 옮김, 에이도스

9. 《성공의 법칙》 맥스웰 몰츠 지음, 공병호 옮김, 비즈니스북스

10. 《치유, 있는 그대로의 나를 사랑하라》 루이스 헤이, 박정길 옮김, 나들목

4단계

1. 《근본적 경험론에 관한 시론》 윌리엄 제임스 지음, 정유경 옮김, 갈무리

2. 《네 안에 잠든 거인을 깨워라》 앤서니 라빈스 지음, 이우성 옮김, 씨앗을 뿌리는 사람

5단계

1. 《풍요로운 삶을 위한 일곱가지 지혜》 디팩 초프라 지음, 박윤정 옮김, 더난 출판사

꿈 내비게이션